글 양화당

햇살 좋은 사무실에서 어린이책을 기획하고 집필하는 일을 하고 있습니다.
어린이들이 재미있게 읽으면서 마음의 양식으로 삼을 수 있는 따뜻하고
영양가 있는 책을 많이 쓰고 만드는 게 꿈이랍니다. 쓴 책으로
『K탐정의 척척척 대한민국』 시리즈가 있습니다.

그림 박우희

대학에서 시각디자인을 전공하고 한국일러스트레이션학교(HILLS)에서
그림책을 공부했습니다. 쓰고 그린 책으로 『괴물들이 사라졌다!』가 있고,
그린 책으로 『로봇 수리공 조아 씨의 코딩하기』, 『민주주의가 왜 좋을까?』,
『안전, 나를 지키는 법』, 『왜 내 것만 작아요?』, 『악당 우주 돼지가 수상해』,
『테라포밍: 두 번째 지구 만들기』 등이 있습니다.

감수 이정모

연세대학교와 같은 대학원에서 생화학을 공부하고, 독일 본대학교에서
유기화학을 연구했습니다. 서대문자연사박물관장, 서울시립과학관장,
국립과천과학관장 등으로 일했고 저술과 강연 활동을 하고 있습니다.
어린이를 위한 책으로 『우리는 물이야』, 『나는야 초능력자 미생물』,
『과학자와 떠나는 마다가스카르 여행』 등을 썼습니다.

새콤달콤 열 단어 과학 캔디_1 지구과학

초판 1쇄 발행 2023년 11월 15일 | 초판 5쇄 발행 2025년 6월 9일
글 양화당 | 그림 박우희 | 감수 이정모

발행인 윤승현 | 편집장 안경숙 | 편집관리 윤정원 | 편집 이혜진 | 디자인 문성일
마케팅 정지운, 박현아, 원숙영, 김지윤, 황지영 | 제작 신홍섭
펴낸곳 (주)웅진씽크빅 | 주소 경기도 파주시 회동길 20 (우)10881
문의전화 031)956-7440(편집), 031)956-7569, 7570(마케팅)
홈페이지 www.wjjunior.co.kr | 블로그 blog.naver.com/wj_junior
트위터 @new_wjjr | 인스타그램 @woongjin_junior
출판신고 1980년 3월 29일 제406-2007-00046호 | 제조국 대한민국 | 사용연령 7세 이상

글 ⓒ 양화당, 2023 | 그림 ⓒ 박우희, 2023
저작권자와 맺은 특약에 따라 검인을 생략합니다.

ISBN 978-89-01-27600-7 · 978-89-01-27599-4(세트)
*잘못 만들어진 책은 바꾸어드립니다.

웅진주니어는 (주)웅진씽크빅의 유아·아동·청소년 도서 브랜드입니다. 저작권법에 의해 한국 내에서 보호를 받는 저작물이므로 무단 전재와
무단 복제를 금지하며, 이 책 내용의 전부 또는 일부를 이용하려면 반드시 저작권사와 (주)웅진씽크빅의 서면 동의를 받아야 합니다.

⚠ 주의
1. 책 모서리가 날카로워 다칠 수 있으니 사람을 향해 던지거나 떨어뜨리지 마십시오. 2. 보관 시 직사광선이나 습기 찬 곳은 피해 주십시오.

새콤달콤
열 단어 과학 캔디

양화당 글 | 박우희 그림

1 지구과학

웅진주니어

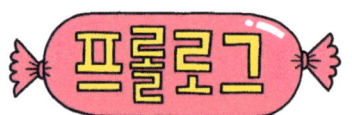

열 단어를 찾아서 GO, GO!

태양계

별	11
태양	15
8개	19
꼬리별	23
푸른 별	27
낮과 밤	31
달	35
변신쟁이	39
사계절	43
별자리	47

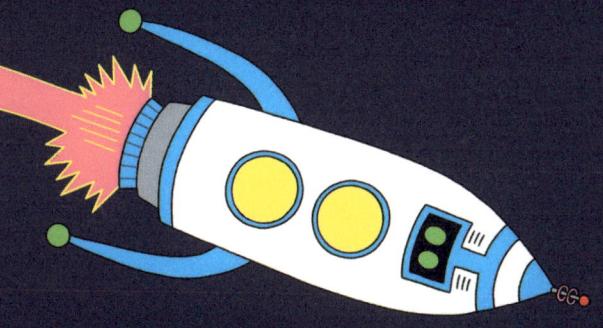

지구

바다	57
조각가	61
강	65
흙	69
암석 샌드위치	73
화석	77
산	81
화산	85
지진	89
겉딱속뜨	93

날씨

날씨 메이커	103
비	107
불꽃 쇼	111
바람	115
4대 천왕	119
태풍	123
일기 예보	127
미세 먼지	131
24절기	135
빙하	139

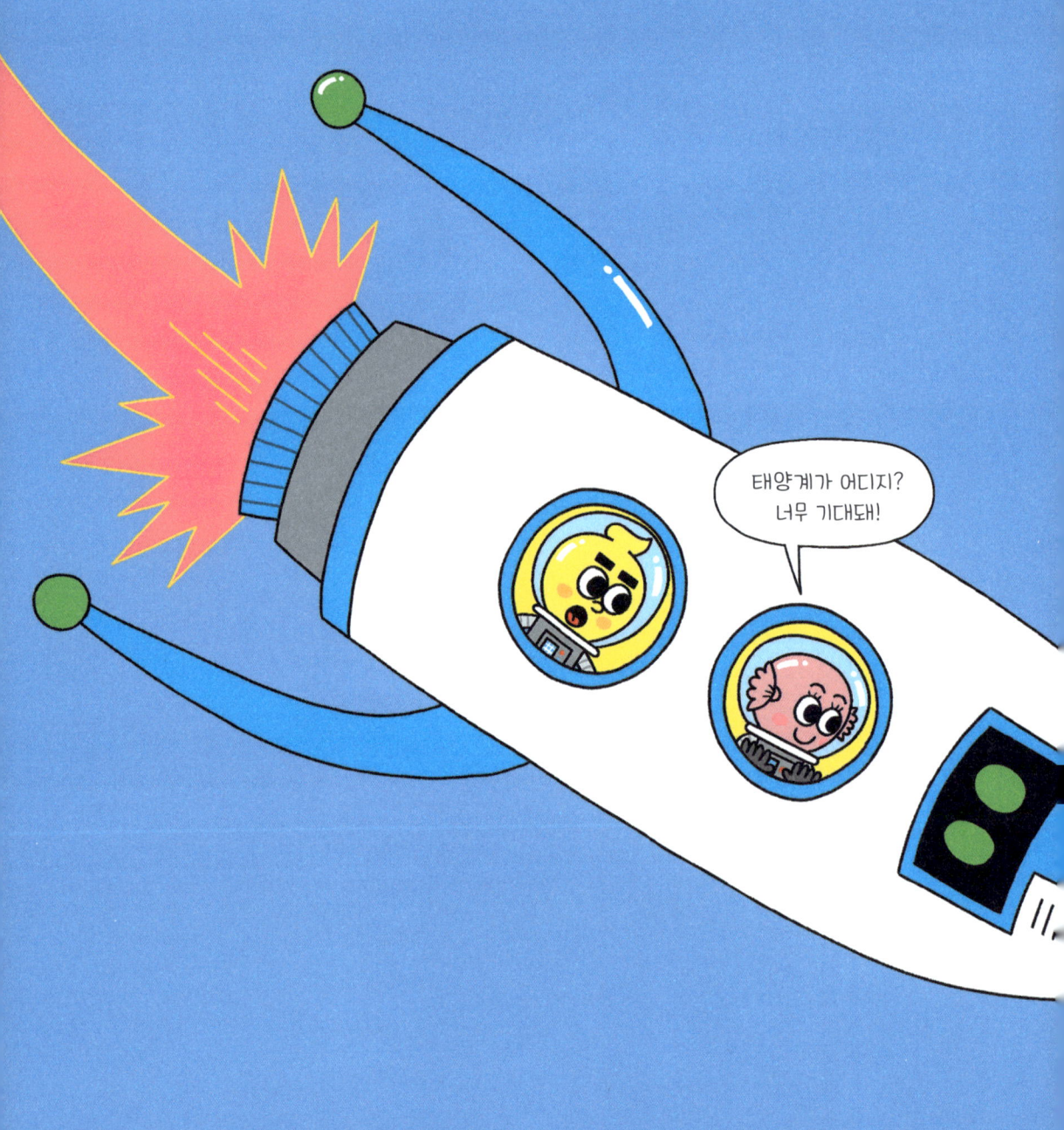

태양계

2 넓고 넓은 우주

우주는 어마어마하게 넓은 곳이야.
이 끝에서 저 끝까지 가려면, 빛의 속도로 930억 년을 날아야 하지.
이 넓은 우주에 뭐가 있냐고?

우주 공간은 아무것도 없는 어둠처럼 보이지만 사실은 먼지와 가스가 있어.

먼지와 가스는 서로 뭉치면서 부딪쳐. 이때 열이 나고 빛이 나는데, 그게 바로 나, 별이야.

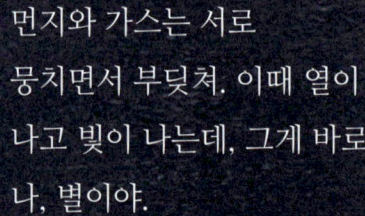

우주 어딘가에는 주변에 다가오는 건 뭐든 빨아들이는 무시무시한 블랙홀도 있어.

난 온도가 올라갈수록 빨강, 노랑, 하양, 파랑으로 색이 변해.

나는 먼지와 가스를 계속 끌어 들이지. 그럼 반짝반짝 빛나는 커다란 별이 돼.

나이가 들면 폭발해서 다시 먼지와 가스로 돌아가. 우주는 나처럼 수많은 별이 태어나고 죽는 곳이야.

 **문제** 별들이 길게 무리를 이룬 게 뭘까?
① 은하 ② 스타워즈 ③ 스타 제국

은하

은하는 별이 흐르는 강물이라는 뜻이야.
이 강물 속에는 무려 수천억 개의 별이 있어.
우주에는 이런 거대한 은하가 2천억 개쯤 있대.
그중 태양계가 있는 은하는 '우리은하'야.
우리은하의 모습을 볼까?

내 팔이 뱅글뱅글 나선 모양이지? 옆모습은 납작해.

나선 팔 중간쯤에 태양계가 있구나.

태양계는 거대한 우주에서 작은 점이당!

4 태양 패밀리

난 46억만 년 전쯤에 태어났어. 이때 8개의 별, 별이 되지 못한
돌과 얼음덩어리도 함께 생겨났지. 그중에 내가 제일 커.
지구 부피의 130만 배나 되거든. 그래서 우리 가족을
내 이름을 붙여 태양계라고 부르는 거야.

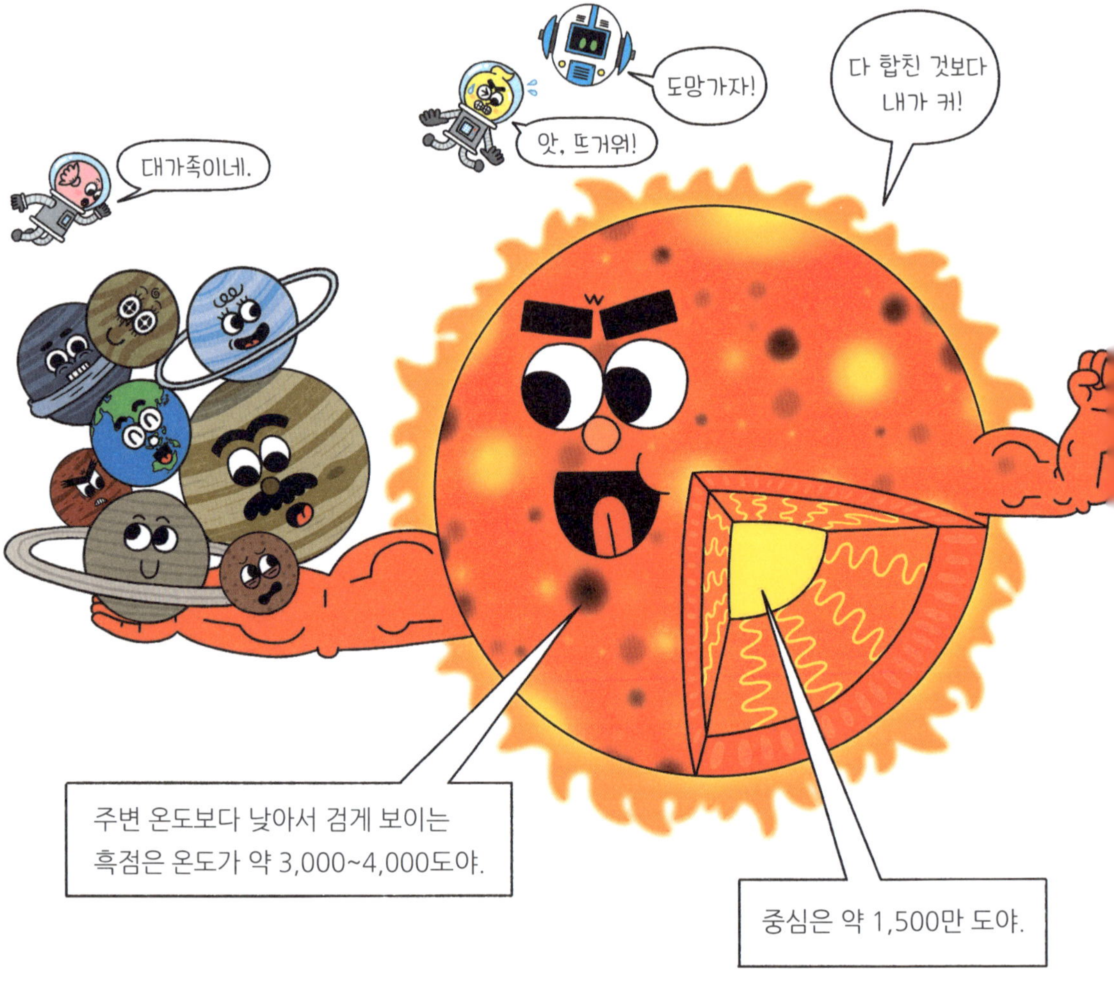

주변 온도보다 낮아서 검게 보이는
흑점은 온도가 약 3,000~4,000도야.

중심은 약 1,500만 도야.

더 놀라운 건 내가 불타는 기체 덩어리라는 것.
이글이글, 내 표면 온도는 약 5,500도야.

이렇게 뜨거운 건 내 안에서 가스들이 격렬하게
싸우고 있기 때문이지. 그래서 아주 밝은 빛이 나.
내가 얼마나 밝은지, 거실의 전등과 비교해 볼까?

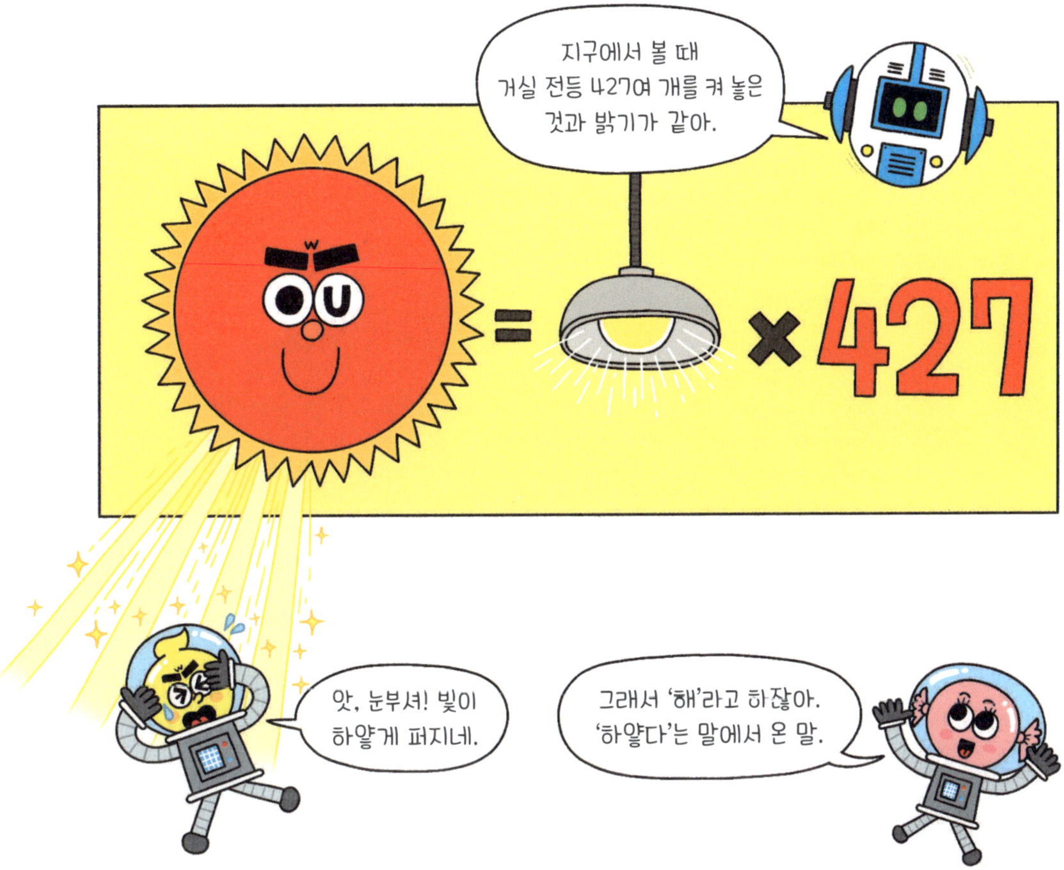

지구에서 볼 때
거실 전등 427여 개를 켜 놓은
것과 밝기가 같아.

앗, 눈부셔! 빛이
하얗게 퍼지네.

그래서 '해'라고 하잖아.
'하얗다'는 말에서 온 말.

실제로 내가 뿜어내는 빛은 이것보다 훨씬 더 밝아. 대단하지?
태양계에서 스스로 빛을 내는 별은 오직 나뿐이라고.

문제 나처럼 스스로 빛을 내는 별을 뭐라고 부를까?
① 별의별 ② 우주 스타 ③ 항성

 **항성**

태양계에서 항성은 나 하나지. 나머진 내 빛을 받아 반사해서 빛을 내.
난 끌어당기는 힘도 엄청 세.
그래서 내 가족들은 날 중심으로 뱅글뱅글 돌아.
절대 도망갈 수 없지. 히히.

> 카이퍼 벨트라는 곳인데,
> 여기까지가 태양계야.
> 이곳에 얼음과 작은 돌덩어리,
> 먼지가 모여 있어.

> 우리는 모두 태양 주위를 시계 반대 방향으로 돌아.

> 태양계에선 태양이 대장이당!

> 그럼 나머지 별은 부하냐?

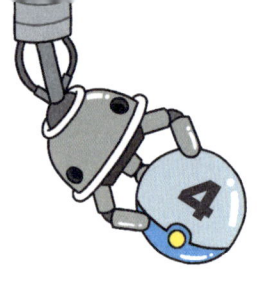

4 움직이는 별

행성은 태양 같은 항성 주위를 둥글게 돌며 움직여. 태양계에서 행성은 우리 8개뿐이야.

난 여덟째 해왕성. 태양에서 가장 멀어.

난 다섯째 목성. 8개 행성 중 가장 커!

난 일곱째 천왕성. 희미한 고리가 있어.

난 셋째 지구. 적당히 따뜻해서 살기 좋아.

2 단단한 땅이 없어서

목성은 수소, 헬륨 같은 기체로 이루어진 행성이야.
그래서 우주선이 착륙할 수 없고, 생명체도 살기 어려워.
토성, 천왕성, 해왕성도 모두 기체로 이루어졌어.

반면 수성, 금성, 지구, 화성은 모두 단단한 땅으로 이루어졌어.

3 갑자기 나타나서

난 별명이 많아. 갑자기 나타난다고 해서 혜성, 꼬리가 있어서 꼬리별, 화살처럼 날아간다고 화살 별. 재미있지? 나에 대해 또 궁금한 게 있니?

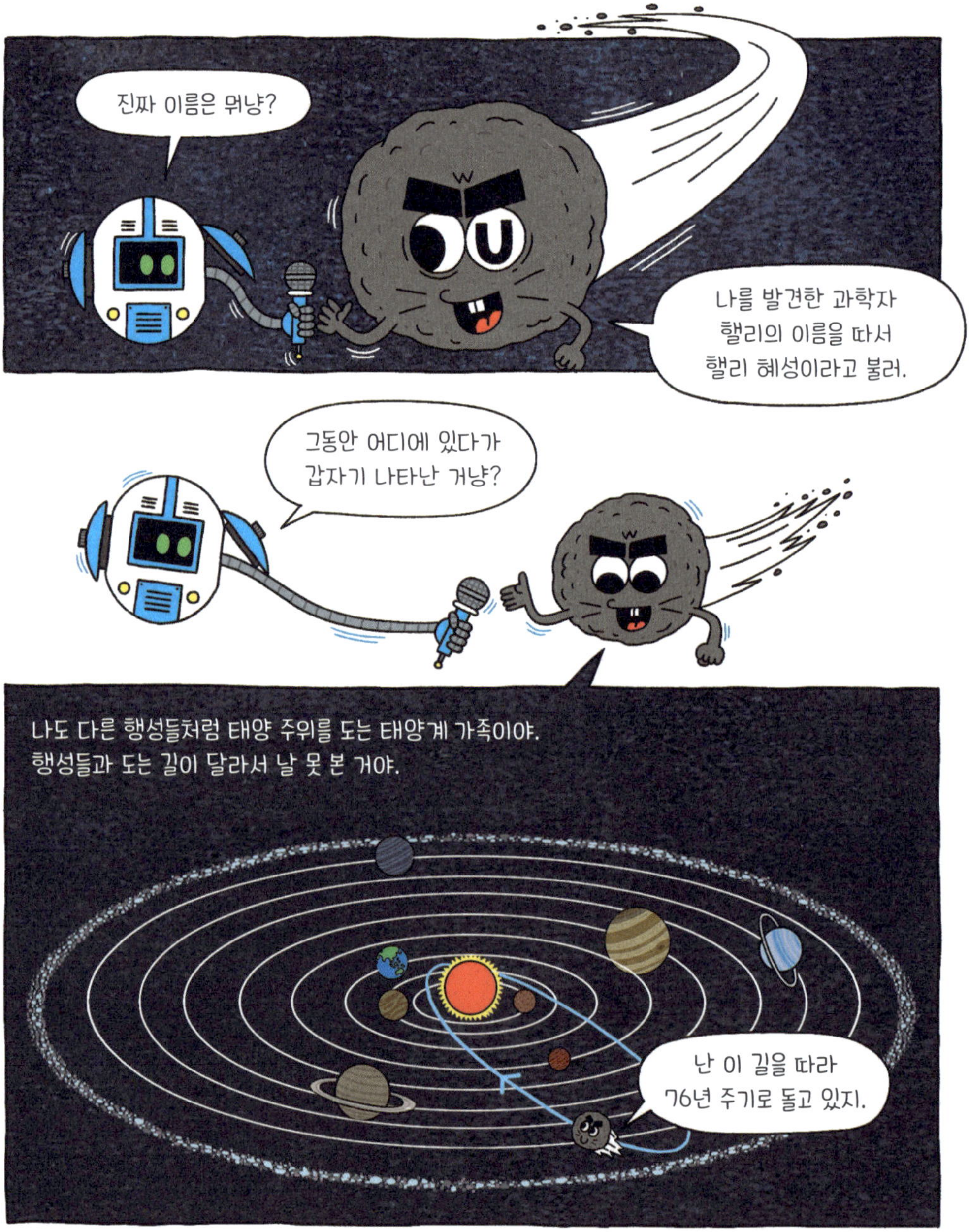

진짜 이름은 뭐냥?

나를 발견한 과학자 핼리의 이름을 따서 핼리 혜성이라고 불러.

그동안 어디에 있다가 갑자기 나타난 거냥?

나도 다른 행성들처럼 태양 주위를 도는 태양계 가족이야. 행성들과 도는 길이 달라서 날 못 본 거야.

난 이 길을 따라 76년 주기로 돌고 있지.

2 소행성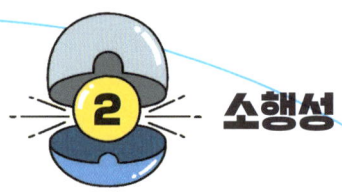

소행성은 행성이 되지 못한 작은 암석 덩어리야.
이들이 모여 있는 곳을 소행성대라고 하는데,
화성과 목성 사이에 있어.

우리도 다른 행성처럼 태양 주위를 빙빙 돌아.

소행성, 여기로 오는 건 어때?

어어, 우릴 잡아당겨. 누구지?

그럼 화성으로 이사 가 볼까?

난 지구로 갈래!

소행성대

태양계에는 별의별 별도 많당.

소행성대에서 떨어져 나온 작은 암석
덩어리들은 주변에 있는 행성으로 끌려가.
이게 지구로 가면 불꽃을 내며 타는 유성이 되고,
타다 남은 건 운석이 되어 땅으로 떨어져.

3 바다가 많아서

난 표면의 약 71%가 바다라서 우주에서 보면 파랗게 보여.
그래서 푸른 별이라고 부르지.

놀라긴. 난 생명체가 살 수 있는 아주 좋은 환경을 갖고 있거든.

첫째 난 물이 풍부해!

물이 많은 행성은 태양계에서 나뿐이야. 아주 오랜 옛날에 이 물에서 생명체가 처음 탄생했고, 다양한 생물로 진화했어.

둘째 난 공기가 풍부해!

나를 둘러싼 공기층은 생명체에게 위험한 빛을 막아 줘. 또 공기 중에 산소가 있어서 생명체들이 숨을 쉴 수 있지. 나 좀 멋지지?

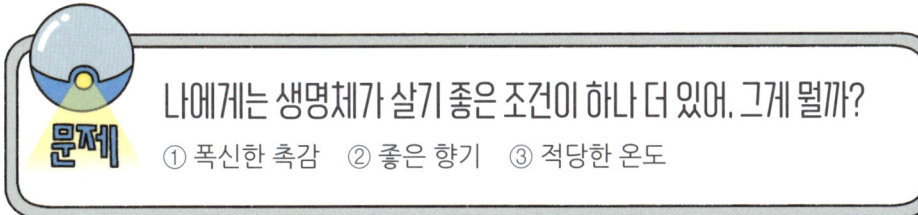

문제 나에게는 생명체가 살기 좋은 조건이 하나 더 있어. 그게 뭘까?
① 폭신한 촉감 ② 좋은 향기 ③ 적당한 온도

3 적당한 온도

난 생명체가 살기에 온도가 적당해.
태양에서 가까운 금성은 너무 덥고
태양에서 가장 먼 해왕성은 너무 춥지.

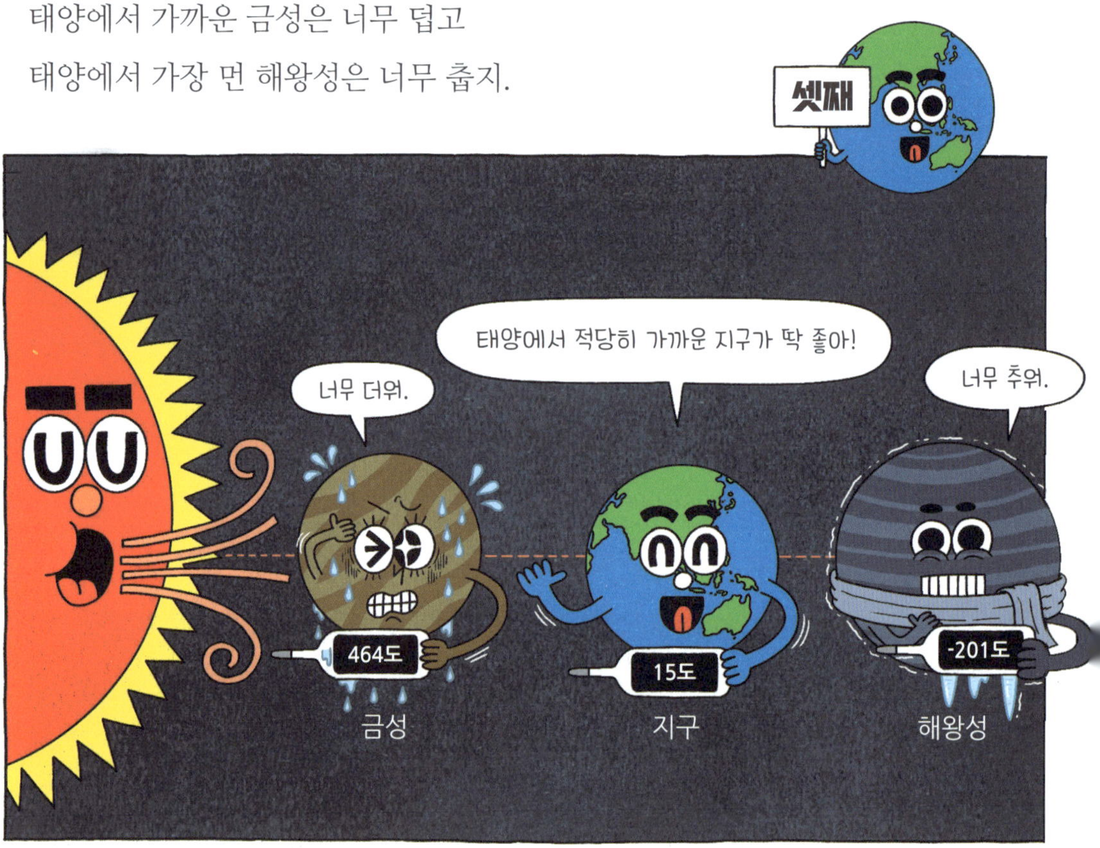

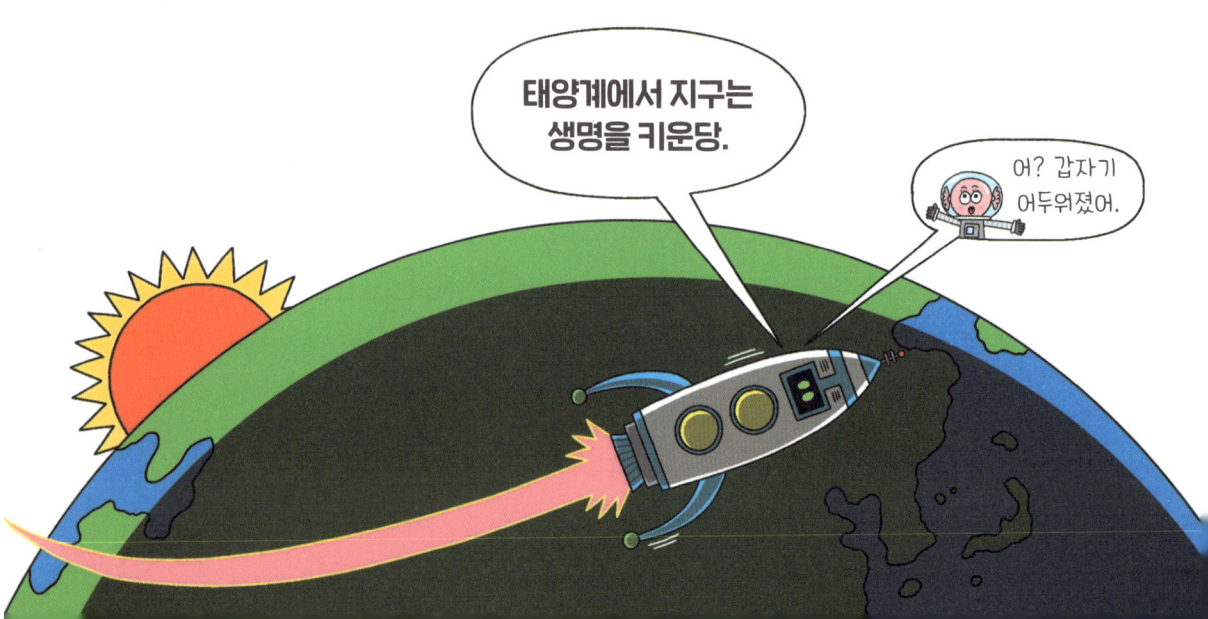

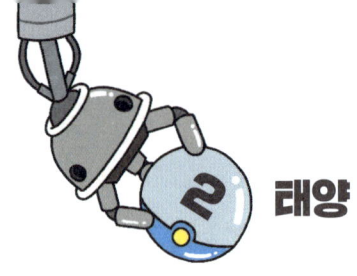# 2 태양

하늘에 태양이 떠 있으면 낮, 사라지면 밤이지.
낮과 밤에 얽힌 재미있는 이야기 하나 들려줄까?

헬리오스의 마차가 동쪽에서 서쪽으로 가는 것처럼
하늘을 보면 태양도 언제나 동쪽에서 떠서 서쪽으로 져.

하지만 실제로 움직이는 건
태양이 아니라 지구야.
지구는 발레리나처럼 뱅그르르,
혼자 돌고 있거든.

문제 이렇게 제자리에서 혼자 도는 걸 뭐라고 부를까?
① 빙글빙글 춤 ② 팽이 ③ 자전

3 자전

자전은 '스스로 돈다.'라는 뜻의 한자 말이야.
지구는 하루에 한 번, 서쪽에서 동쪽으로 매일 자전해.

이렇게 도니까, 해가 보였다 안 보였다 하면서
낮과 밤이 생기는 거란다.

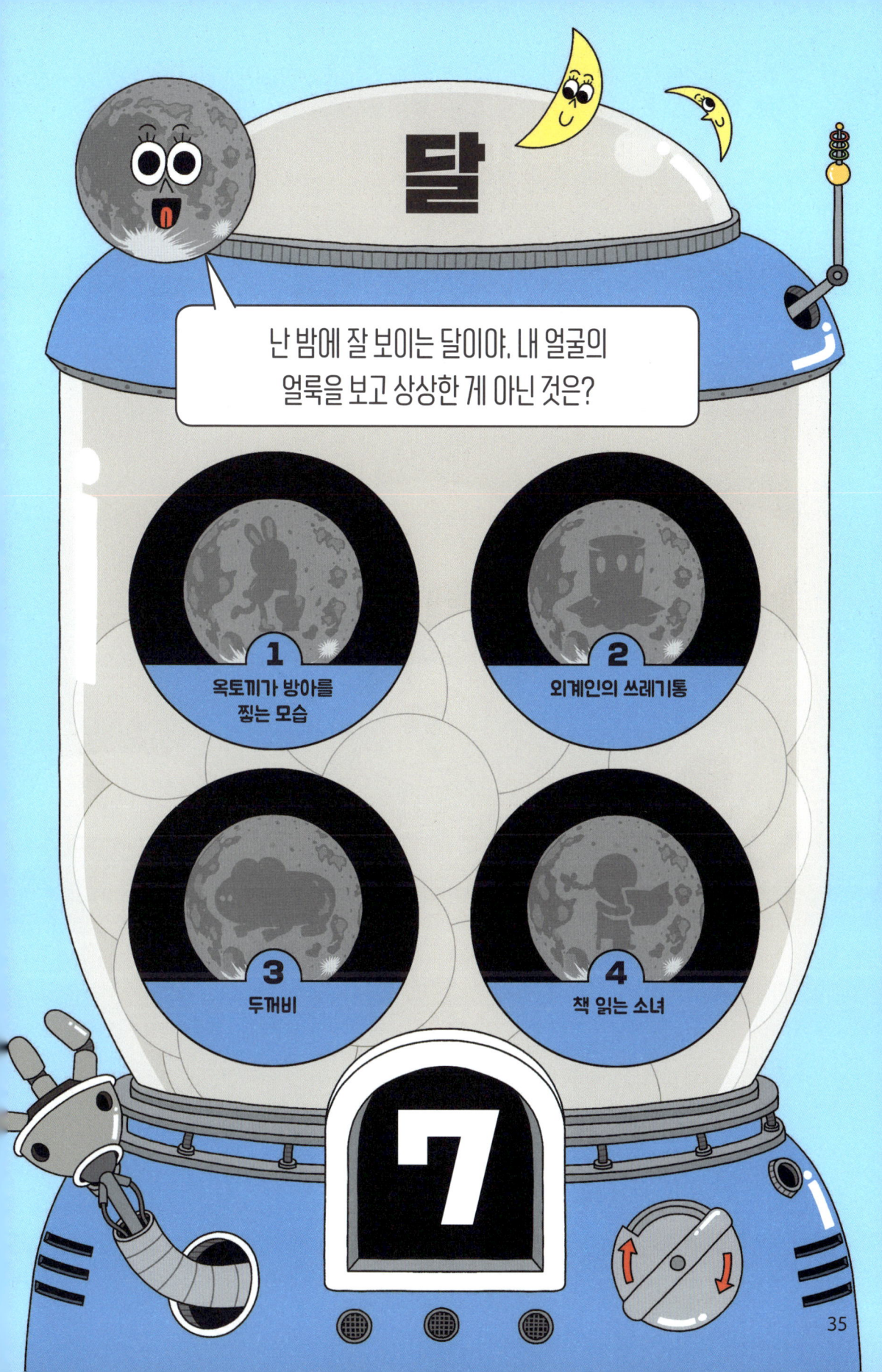

2 외계인의 쓰레기통

나는 크기가 지구의 4분의 1 정도로 작지만 지구 가까이에 있어.
사람들은 내 표면 얼룩을 맨눈으로도 볼 수 있지.
나에 대해 더 알려 줄까?

사람들의 상상과 달리 이곳엔 옥토끼, 두꺼비, 책 읽는 소녀도 없어.
그렇다고 아무것도 없는 건 아냐.

표면에 움푹 들어간 구덩이인 크레이터가 많아. 이건 운석이 떨어져 생긴 거야.

남극 쪽엔 얼어붙은 물이 좀 있어. 물이 있는 별이 흔치 않은 건 알고 있지?

참, 여긴 놀라운 게 하나 더 있어.
바로 50년 넘은 발자국!
여긴 바람이 없어서 한번 생긴
흔적이 잘 사라지지 않거든.

문제 이 발자국은 누가 남긴 걸까?
① 공룡 ② 지구인 ③ 선녀

2 지구인

달에 다녀간 지구인
닐 암스트롱의 발자국이야.

암스트롱은 1969년에 아폴로 11호
우주선을 타고 이곳에 왔어.

지구에서보다 몸이 엄청 가벼워!

기념 발자국, 꾹!

암스트롱은 내 표면을
이리저리 돌아다니며
조사도 했지.

달에서 주운 돌이니까
월석이라고 불러야지!

갈 때는 기념품으로
돌멩이 조각도
주워 가더군.

태양계에는 뾰루지 별이 있당!

그래도 자꾸 보니 예쁜데?

우아!

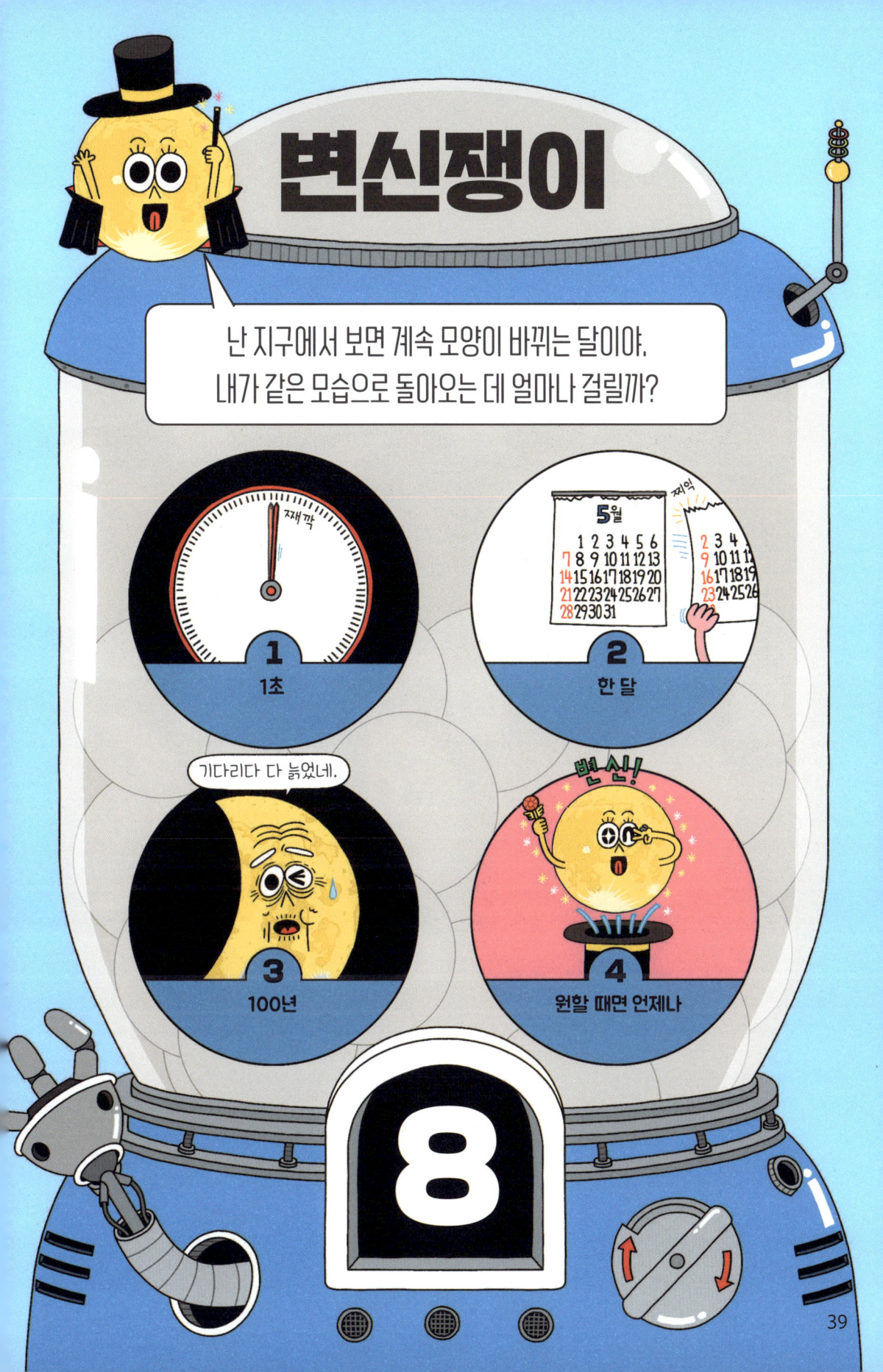

2 한 달

나는 약 한 달 주기로 모습이 바뀌어.
처음 15일은 통통하게 살찌우고,

1일	빼꼼! 말라서 잘 안 보이지?	4일		8일	어느새 이만큼 통통해졌어!
	초승달				상현달
18일		22일	살이 쑥쑥 빠져서 반쪽이 됐네!	26일	
			하현달		그믐달

상현달이랑 하현달은 모양이 반대네.

1 한 달에 한 번 지구 주위를 돌아서

나처럼 행성 주위를 도는 별을 위성이라고 해.
내가 지구 주위를 도는데 왜 모습이 바뀌냐고?
캄캄한 곳에서 공을 손전등에 비춰 보는 놀이를 해 봐.
네가 지구, 공이 달, 손전등이 태양이라고 생각하면 돼.

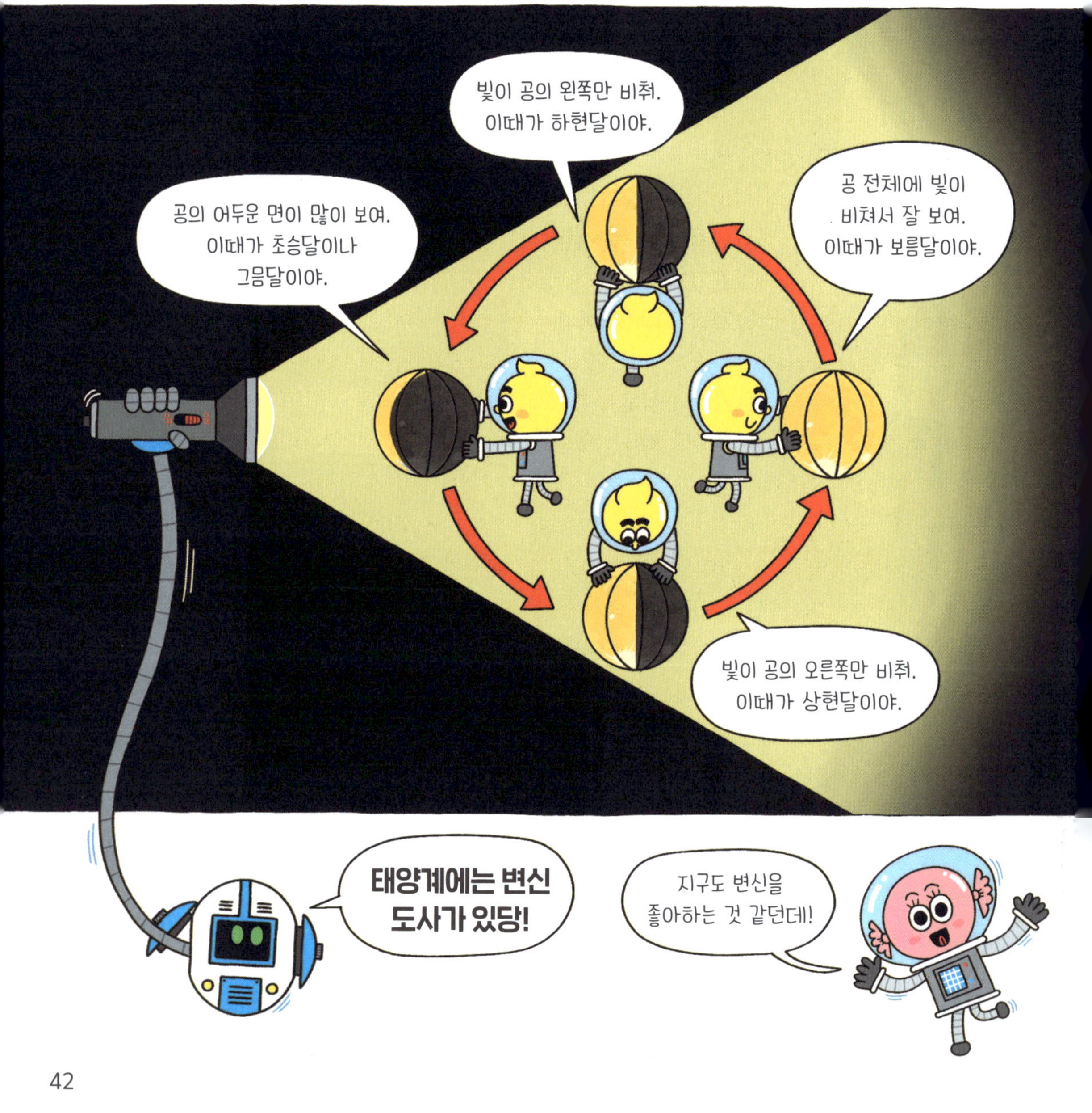

돌자, 돌아!

빛이 공의 왼쪽만 비춰.
이때가 하현달이야.

공 전체에 빛이
비쳐서 잘 보여.
이때가 보름달이야.

공의 어두운 면이 많이 보여.
이때가 초승달이나
그믐달이야.

빛이 공의 오른쪽만 비춰.
이때가 상현달이야.

태양계에는 변신
도사가 있당!

지구도 변신을
좋아하는 것 같던데!

3 지구가 기울어져 있어서

난 우리나라에 있는 봄, 여름, 가을, 겨울 사계절이야. 내가 생기는 까닭은 지구 자전축이 23.5도 기울어져 있기 때문이야. 이렇게 기울어진 채로 태양 주위를 돌면 지구는 위치에 따라 태양 빛을 받는 양이 달라져. 어떻게 달라지는지 볼래?

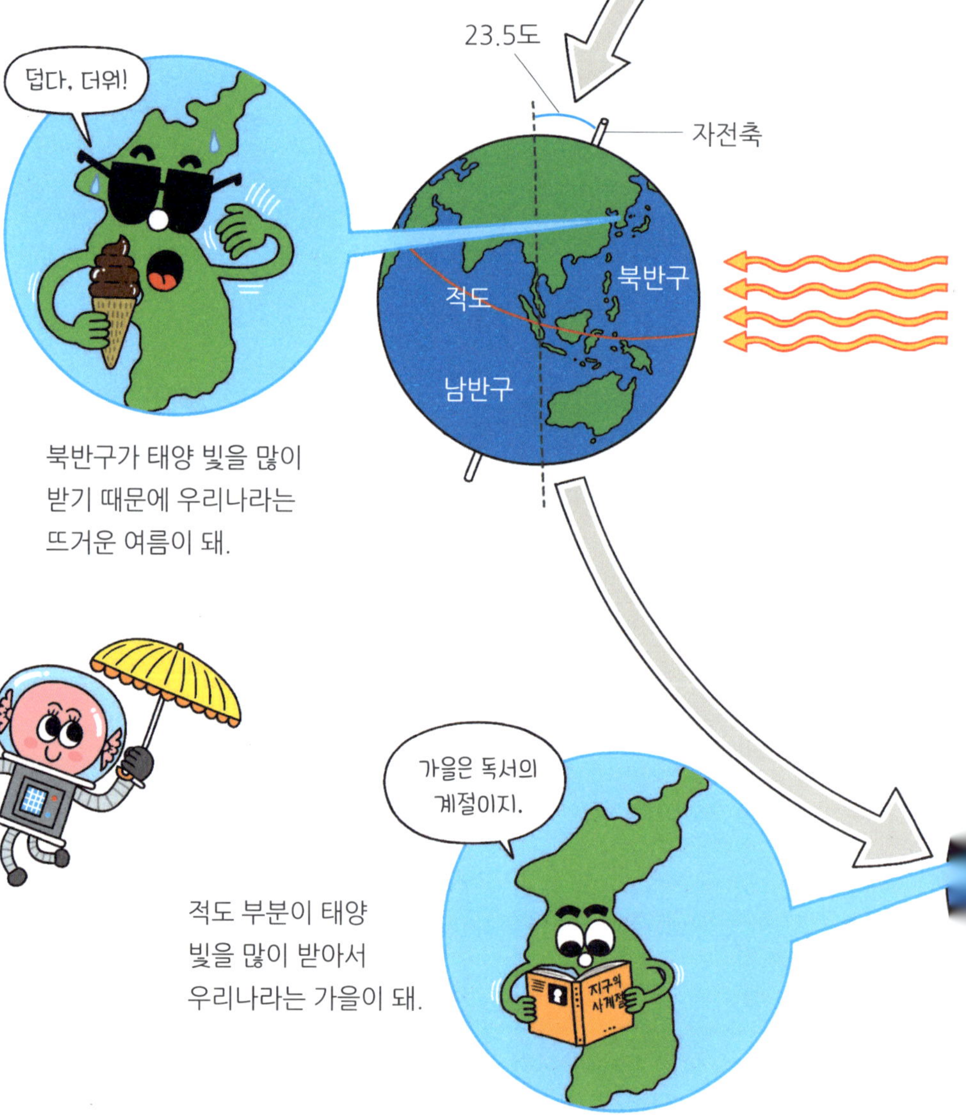

23.5도
자전축
적도
북반구
남반구

덥다, 더워!

북반구가 태양 빛을 많이 받기 때문에 우리나라는 뜨거운 여름이 돼.

가을은 독서의 계절이지.

적도 부분이 태양 빛을 많이 받아서 우리나라는 가을이 돼.

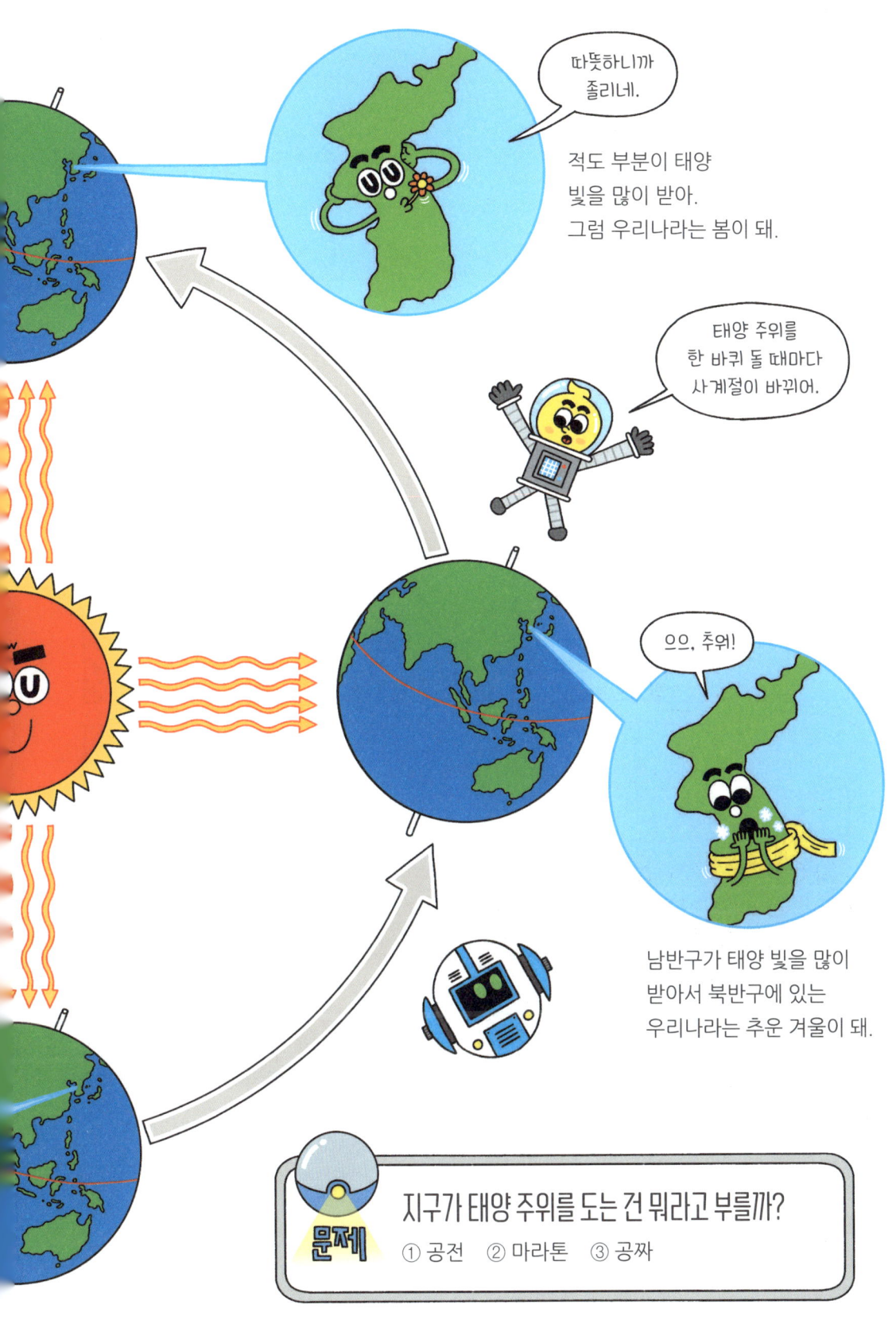

 공전

지구가 태양 주위를 공전하는 데 1년이 걸려서 사계절은 1년마다 바뀌지. 하지만 옛날에는 곡식의 신과 그의 딸인 페르세포네 때문에 계절이 바뀐다고 생각했대.

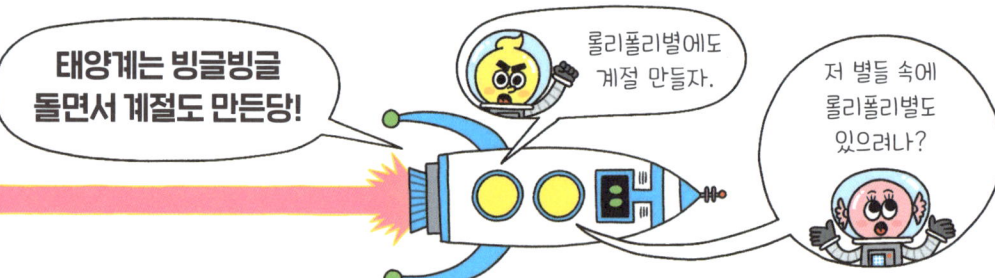

밤하늘에서 별을 찾기 쉽게 하려고

수천 년 전, 메소포타미아 사람들은 밤하늘의 별을 관찰했어.
그러다가 계절마다 보이는 별이 다르다는 걸 알았어.
지구가 태양 주위를 공전해서 볼 수 있는 별의 종류가 달라졌기 때문이지.
사람들은 이 별들을 구별하기 위해 모둠을 지어 별자리를 만들었어.
그리고 그 별자리에 신화 속 동물이나 인물의 이름을 붙였어.

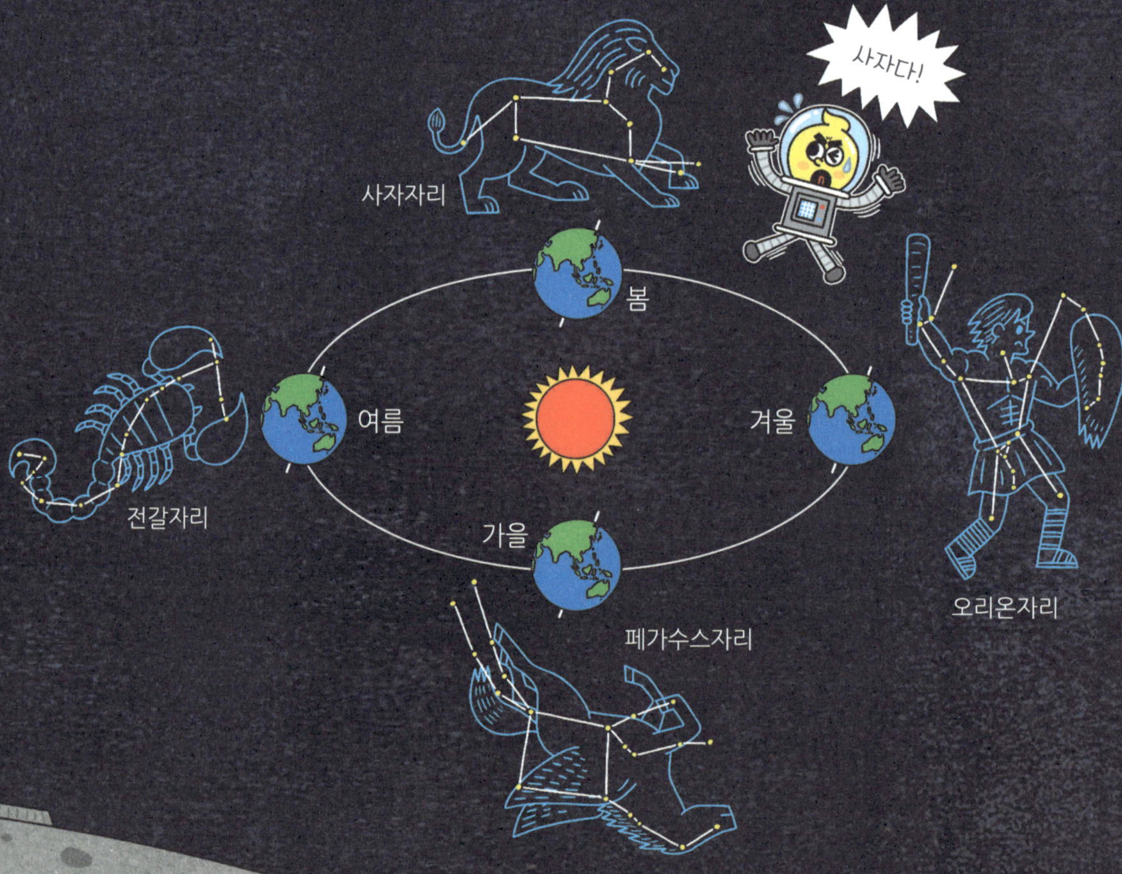

사자다!

사자자리
봄
여름
겨울
전갈자리
가을
오리온자리
페가수스자리

 별 중에는 길을 찾아 주는 길잡이 별도 있어. 이름이 뭘까?
① 얼음성 ② 남극성 ③ 북극성

 **북극성**

북극성은 북쪽을 가리키는 별로, 지구 자전축 위에 있어.
다른 별이 움직일 때도 제자리에 있는 것처럼
위치도 거의 변하지 않고, 일 년 내내 볼 수 있지.
그래서 옛날 여행자들은 이 북극성을 보고
밤에 길을 찾았어.

북극성은 북두칠성이나
카시오페이아 별자리를
이용하면 쉽게 찾을 수 있어.

북두칠성 두 별 사이의 5배만큼 떨어져 있는 거지?

그렇다니까.

태양계에는 별들에 얽힌 이야기가 있당.

신나는 캔디 요리 시간!

먼저 빈칸에 태양계 열 단어를 적어 봐!

넓고 넓은 우주에는 반짝이는 수많은 ●이 있어.

●●은 태양계에서 스스로 빛을 내는 유일한 별이야.

태양 주위를 빙글빙글 도는 행성의 수는 ●개야.

혜성은 태양에 가까이 오면 긴 꼬리가 생기는 ●●●이야.

바다가 많은 지구는 우주에서 보면 파랗게 보여 ●●●이라고 불러.

지구는 하루에 한 번 자전해. 그래서 ●과 ●이 생기지.

지구 주위를 도는 ●에는 공기가 없고, 크고 작은 구덩이가 많아.

지구에서 보면 달은 초승달, 보름달, 그믐달로 바뀌는 ●●●●야.

사●● 은 지구가 기울어진 채로 태양 주위를 돌기 때문에 생겨.

별들을 모둠 지어 만든 ●●●는 계절마다 보이는 종류가 달라.

정답: 별, 태양, 8개, 꼬리별, 푸른 별, 낮과 밤, 달, 변신쟁이, 사계절, 별자리

4 맛이 짜다.

지구는 바다와 땅으로 이루어졌어.
그중 난 지구의 약 71%를 차지하고 있어
땅 면적보다 넓어. 사람들은 날 큰 바다
다섯 개로 나누어 이름을 붙여 주었어.
하지만 난 하나로 다 이어져 있지.

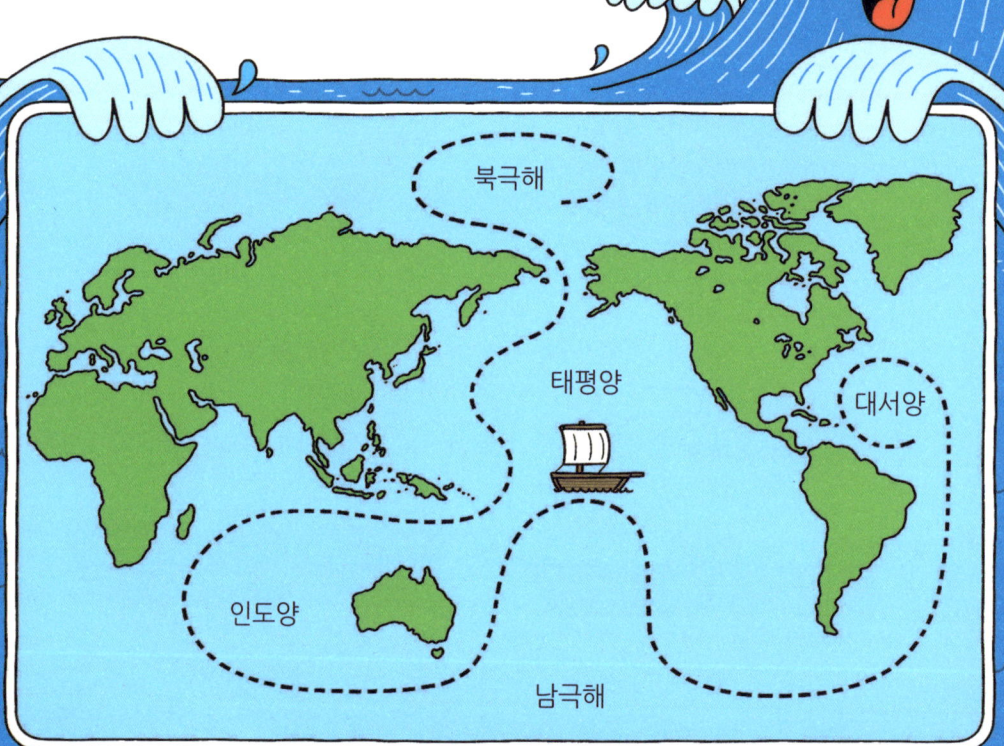

난 엄청 짜. 그 이유가 뭘까?

이건 동화 속 재미난 이야기야.
진짜 이유는 땅에 있는 암석의 짠 성분이
빗물에 녹아 나에게로 흘러왔기 때문이지.
오랜 세월 흘러온 게 쌓이고 쌓여서
이렇게 짜진 거야.

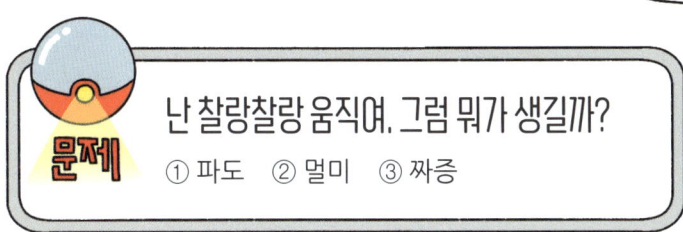

문제 난 찰랑찰랑 움직여. 그럼 뭐가 생길까?
① 파도 ② 멀미 ③ 짜증

1 파도

내가 오르락내리락하며 찰랑거리는 걸 파도라고 해. 파도가 생기는 까닭은 바람이나 지진 등 여러 가지야. 난 아주 큰 파도도 만들 수 있어.

무섭지? 난 집도 삼킬 수 있는 큰 파도, 해일이다!

땅과 만나는 바닷가에서는 숨바꼭질도 해.
이럴 땐 파도로 모래사장이나 갯벌을 만들어 놓지.

땅아, 어서 숨어. 난 밀물이다!

땅아, 어서 나와. 난 썰물이다!

지구에 물이 많당!

나도 파도랑 놀아야지.

③ 힘이 아주 세서

내가 오랜 시간 동안 세게 내리치면 단단한 바위도 깎아 버릴 수 있어. 이렇게 깎는 걸 침식이라고 해.

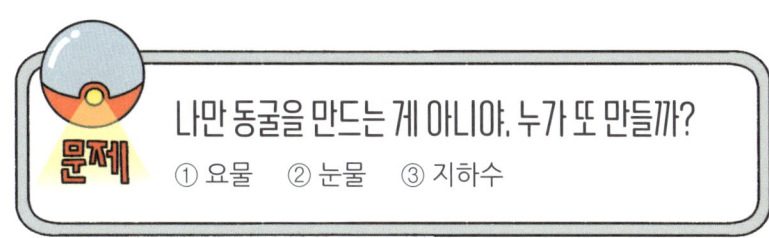

3 지하수

지하수에 빗물이 흘러들면 이산화 탄소가 많은 물이 돼.
이 물이 석회암에 스며들면 바위가 녹아내려 빈 공간이 생겨.
이게 바로 석회 동굴이야. 이때 녹아내린 물질은
석회 동굴 이곳저곳에 쌓여 새로운 모습으로 변해.

천장에서 고드름처럼 자라는 종유석!

종유석과 석순이 이어진 기둥은 석주!

지구의 모습은 물이 바꾼당!

동굴 바닥에 쌓이는 석순!

이제 땅 위로 올라가자.

나는 물살이 센 상류에서 V자 모양으로 움푹 팬 계곡을 만들어.
땅을 깎고 또 깎고 또 깎아서 V자곡 완성!

나는 무거운 물건도 잘 날라. 빠르게 흐르며 깎아 낸 흙과 돌을 다른 곳으로 운반해.

문제 나는 침식, 운반 말고 잘하는 일이 또 있어. 뭘까?
① 지적질하기 ② 퇴적하기 ③ 성적 높이기

2 퇴적하기

내가 산에서 평야로 내려갈 때나
바다로 들어갈 때는 흐르는 힘이 약해져.
그래서 운반하던 흙과 돌을 주변에 내려놓지.
이 흙들이 퇴적하면 새로운 땅이 생겨.

잘하는 일 셋.
운반해 온 걸 쌓는 퇴적!

야, 평야다!

부채꼴의 선상지

꺅, 바다다!

삼각형 모양의 삼각주

나는 상류에서 하류로 쉬지 않고 흐르며,
땅 모양을 끊임없이 바꾸고 있어.

지구는 땅 만들기 선수당!

땅의 흙은 참 부드럽네.

3 커다란 바위

난 커다란 바위였다가 잘게 부서져서 이렇게 작아졌지.
누가 부서지게 했을까?

오랜 시간에 걸쳐 바위와 돌이 잘게 부서지는 것을 풍화 작용이라고 해. 이렇게 만들어진 흙은 크기도 모양도 색깔도 달라. 자세히 볼까?

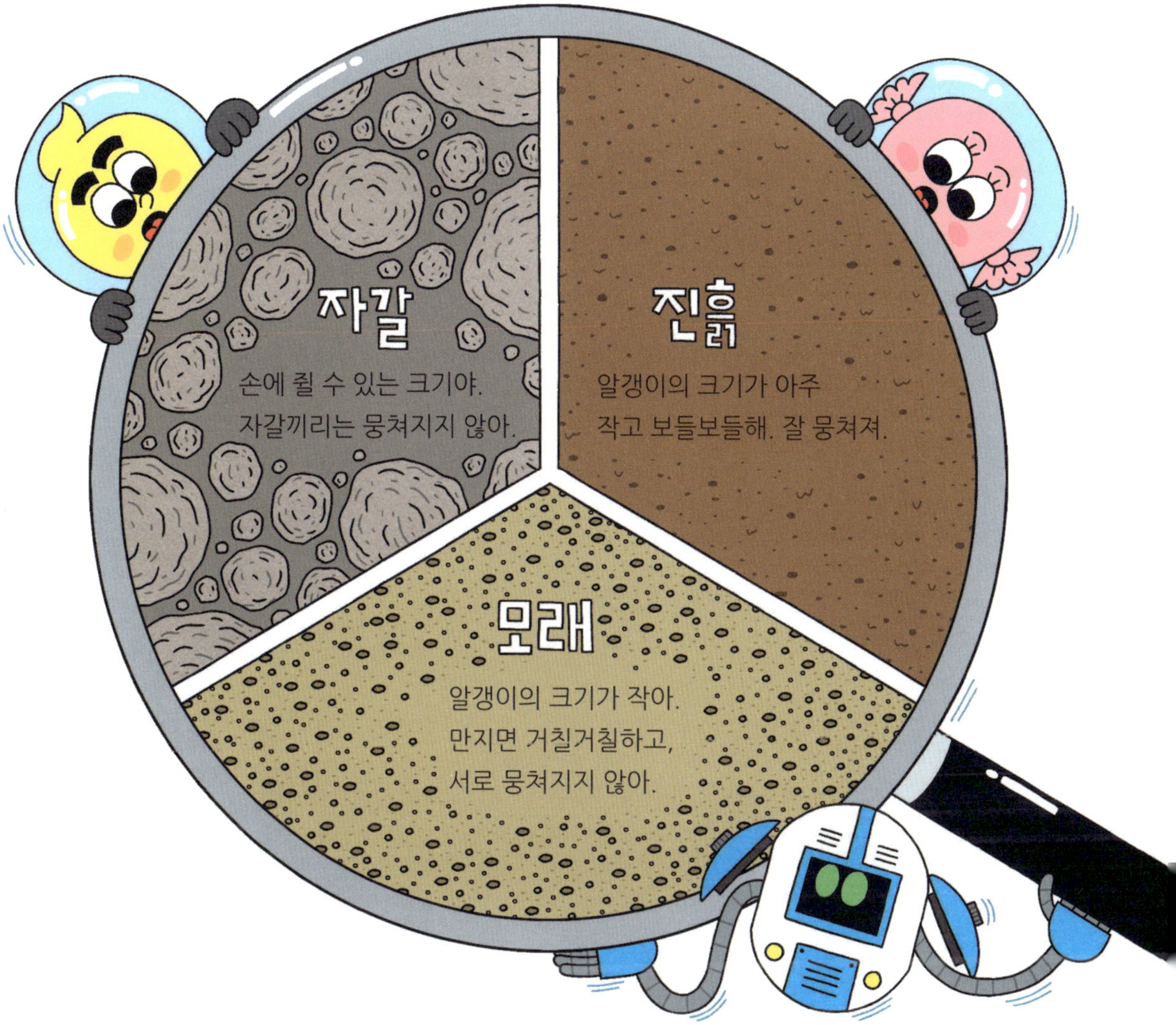

자갈
손에 쥘 수 있는 크기야. 자갈끼리는 뭉쳐지지 않아.

진흙
알갱이의 크기가 아주 작고 보들보들해. 잘 뭉쳐져.

모래
알갱이의 크기가 작아. 만지면 거칠거칠하고, 서로 뭉쳐지지 않아.

난 크기는 작아졌지만 놀라운 힘을 얻었어. 그게 뭘까?
① 분신술 ② 위장술 ③ 영양분

3 영양분

내 속에는 나뭇잎, 풀, 죽은 동물 들이 많이 묻혀 있어.
이게 썩으면 쓸모 있는 영양분이 돼.
나는 이걸 은행처럼 저장하고 있다가 식물에게 나눠 줘.

그리고 이 식물을 동물이 먹고 살아. 만약 지구에 내가 없다면 땅 위의 동물과 식물은 살아갈 수 없을 거야.

지구에는 영양분이 많은 흙이 있당.

이 딱딱한 것도 흙인가?

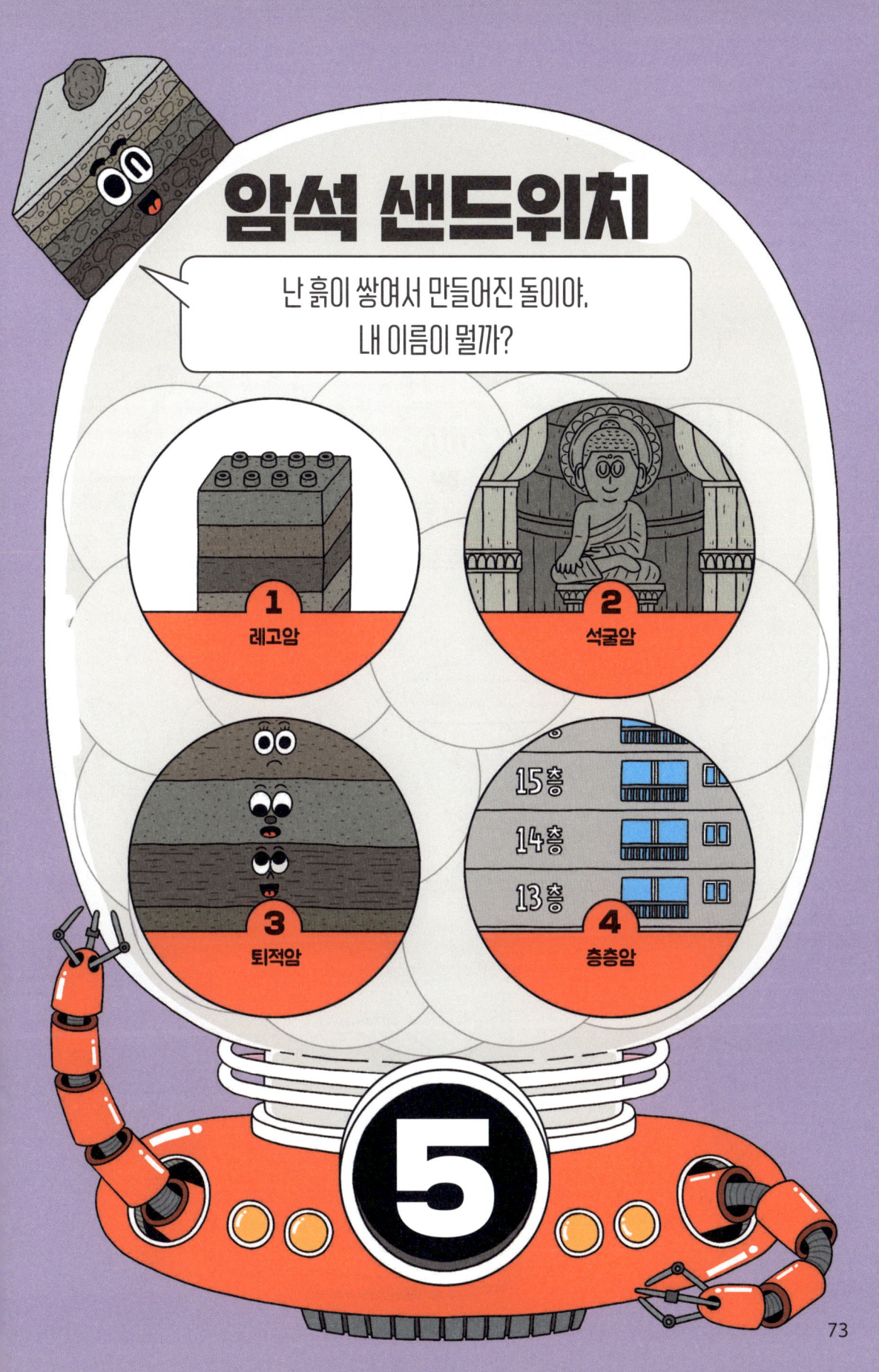

3 퇴적암

내가 어떻게 만들어지는지 볼까?

❶ 물이 자갈, 모래, 진흙 등을 강 하류로 실어 와.

❷ 무거운 자갈이 밑으로 가라앉으면, 사이사이에 모래와 진흙이 쌓여.

❸ 이게 여러 번 반복되어 층층이 쌓이면, 퇴적암 완성!

모래로 만든 사암 샌드위치

진흙으로 만든 이암 샌드위치

조개, 소라 껍데기가 들어간 석회암 샌드위치

맛있게 보인다!

너무 오래된 거 아니야?

우리 퇴적암은 지구가 탄생했을 때부터 지금까지 오랜 시간 동안 쌓이고 쌓여서 지구 땅의 대부분을 이루고 있어.

문제: 이 암석들이 더 쌓이고 쌓이면 뭐라고 부를까?
① 삼층　② 복층　③ 지층

 **지층**

지층 사이사이에 동물의 뼈나 조개껍데기,
식물 등이 들어가면 보물로 변하기도 해.

이렇게 지층 속에서 찾은 석탄과 석유는
우리 생활에서 중요한 연료로 사용되고 있어.

③ 옛날 지구의 모습을 알 수 있어서

난 공룡 화석! 화석은 옛날에 살았던 동물의 뼈, 발자국, 식물의 흔적 등이야. 지금부터 내 이야기를 들려줄게.

1 어느 날, 커다란 티라노사우루스와 나는 싸움을 벌였어.

2 난 큰 상처를 입고 물을 마시러 호수로 향했어. 그런데 기운이 다 빠져 호수 앞에서 쓰러져 죽었어.

3 그 뒤 몇 날 며칠 동안 많은 비가 내렸어. 나는 빗물에 휩쓸려 호수 바닥에 가라앉았지.

4 시간이 흐르고 흘러 살은 다 썩고 뼈만 남았어.

중생대

지층에서 특정한 시대에만 살았던 화석이 발견되면,
그 지층이 언제 만들어졌는지 알 수 있어.

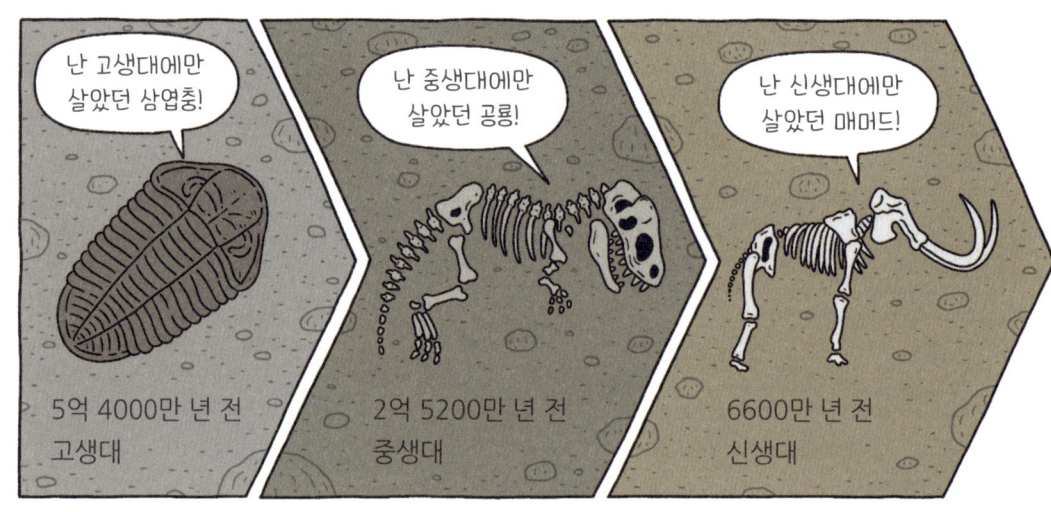

또 화석으로 그 동식물이 살았던 환경도 알 수 있어서
수천 년, 수억 년 전의 지구 모습을 상상할 수 있지.

4 네팔에 있는 에베레스트산

세계에서 가장 높은 내가 어떻게 만들어졌는지 들어 볼래?

너무 높잖아!

먼 옛날, 나는 바닷속에 있던 평평한 땅이었어.
그런데 새로운 땅덩어리가 내가 있던 곳으로 다가왔어.

난 못 멈추니까 네가 피해!

어, 다가오지 마! 이대로면 부딪친다고!

안녕?

우린 만나자마자 힘껏 서로를 밀기 시작했어.
그 힘이 어찌나 센지 나는 버티다 못해 위로 솟아올랐지.

이게 뭐야! 내가 찌그러지고 있잖아!

나는 오랜 세월 동안 위로 솟고, 솟고, 솟다 보니 지금처럼 높은 산이 된 거야.

난 높이가 8,849미터! 아직도 자라는 중이야.

부럽다!

산은 보통 나처럼 지층이 양쪽에서 강하게 미는 힘 때문에 만들어져.

문제 내가 바닷속 땅이었다는 증거가 있어. 뭘까?
① 산에서 발견된 조개 화석 ② 산꼭대기에서 발견된 파라솔

83

1 산에서 발견된 조개 화석

나처럼 바닷속 땅이 산이 되기도 하지만, 반대인 경우도 있어. 한반도 남해의 수많은 섬은 옛날에 육지였지. 그런데 바닷물 높이가 올라가는 바람에 낮은 땅은 물에 잠기고, 산꼭대기만 남아 지금의 모습이 되었어.

이렇게 땅은 높이 솟기도 하고, 물속에 잠기기도 하면서 모습을 바꾼다고!

4 마그마

난 '불의 산'이란 뜻으로 화산이라고 불러.
내 안에는 마그마가 들어 있는데,
이것 때문에 불을 뿜으며 폭발을 일으켜.
내가 태어난 이야기를 들어 볼래?

땅속 깊은 곳에 뜨거운 마그마가 살았어. 그러다 땅 위로 나갈 기회가 생겼어.

와우, 틈새를 찾았다!

마그마는 있는 힘껏 땅을 밀었어. 그리고 땅 위로 솟구치며 폭발했지.

펑!

땅 위로 나온 마그마는 굳어서 낮은 산이 되었는데, 이게 나야.

응애! 아기 화산 탄생!

나도 나가고 싶네.

 ## 한라산

제주도에 있는 한라산은 화산 폭발로 생긴 산이야.
산꼭대기에 폭발 때 생긴 분화구가 있는데,
이곳에 물이 고여 백록담이란 호수가 되었어.

난 폭발하지 않을 땐 무섭지 않아.
오히려 사람들에게 도움을 주지.

마그마가 지하수를
데워 줘서 따듯하다.

일본에서는 화산에서
온천을 즐기고,

인도네시아에서는 화산재가 쌓인
땅에서 농사를 짓고 살아.

올해도 커피
농사 대박!

화산재는
영양분이 풍부하대.

지구는 불장난이
심하당!

2 땅속 괴물이 몸부림쳐서

옛날 일본 사람들은 땅속 깊은 곳에 사는 괴물 메기 때문에 내가 일어난다고 믿었어.

사실 나는 메기 때문이 아니라 땅속에서 생겨난 강한 힘 때문에 지층이 끊어져서 생기는 거야.

땅은 위험하군.

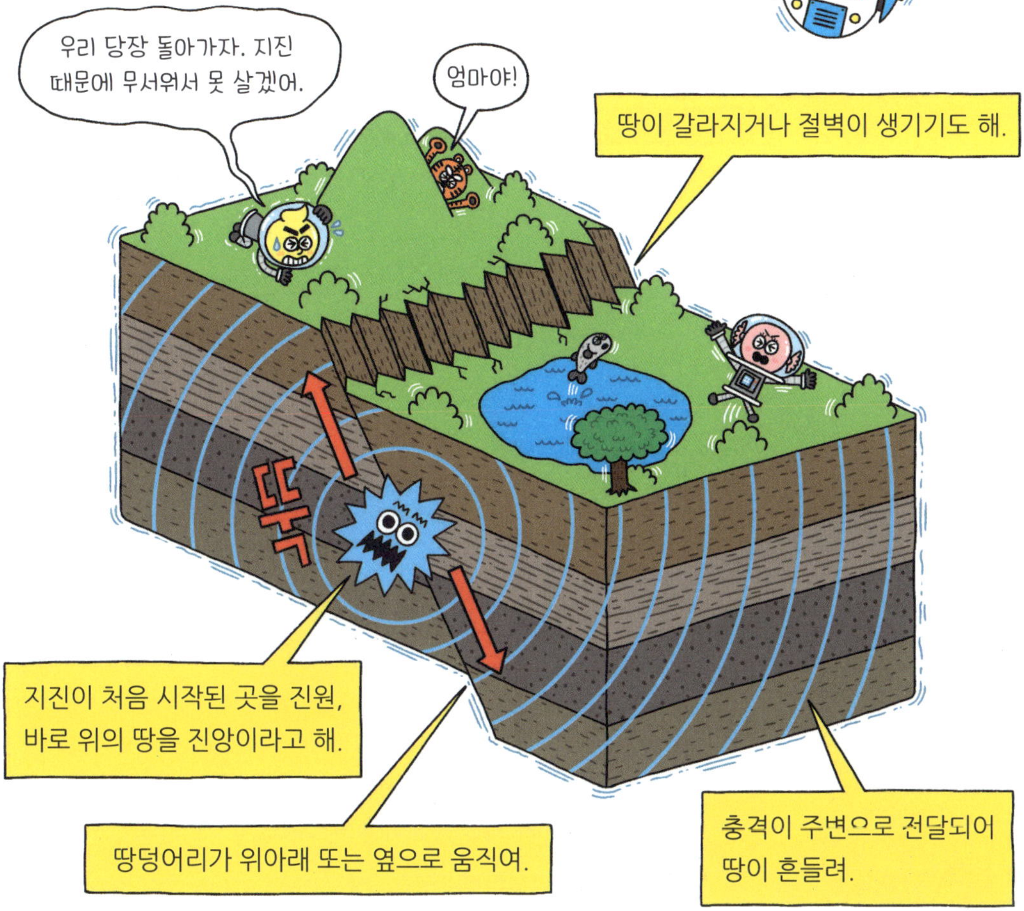

우리 당장 돌아가자. 지진 때문에 무서워서 못 살겠어.

엄마야!

땅이 갈라지거나 절벽이 생기기도 해.

지진이 처음 시작된 곳을 진원, 바로 위의 땅을 진앙이라고 해.

땅덩어리가 위아래 또는 옆으로 움직여.

충격이 주변으로 전달되어 땅이 흔들려.

하지만 너무 걱정하지 마.
이렇게 땅이 갈라지는 강한 지진은 자주 일어나지 않아.

문제 지진의 강하고 약한 정도를 재는 단위는 뭘까?
① 릭터 ② 럭키 ③ 덜덜

 **릭터**

지질학자 찰스 릭터의 이름을 따서 릭터라고 불러.
찰스 릭터는 내가 일어날 때의 세기를
측정해서 강도에 따라 10단계로 나누었어.

[릭터 규모 1단계]
보통 사람은 거의 느끼지 못해.

[릭터 규모 3단계]
컵에 담긴 물이 덜덜덜 떨려.

[릭터 규모 5단계]
유리창이 깨지고, 무거운 가구가 쓰러져.

[릭터 규모 9단계 이상]
건물이 무너지고, 땅이 갈라져.

지구는 흔들거리는 게 취미당!

도대체 지구 땅속은 어떻게 생긴 거야?

직접 확인해 보자!

3 아주아주 뜨거워.

내 몸속은 아주아주 뜨겁고, 아주아주 깊어.
중심까지의 거리가 약 6,400킬로미터나 되지.
내 몸속을 구경해 볼래?

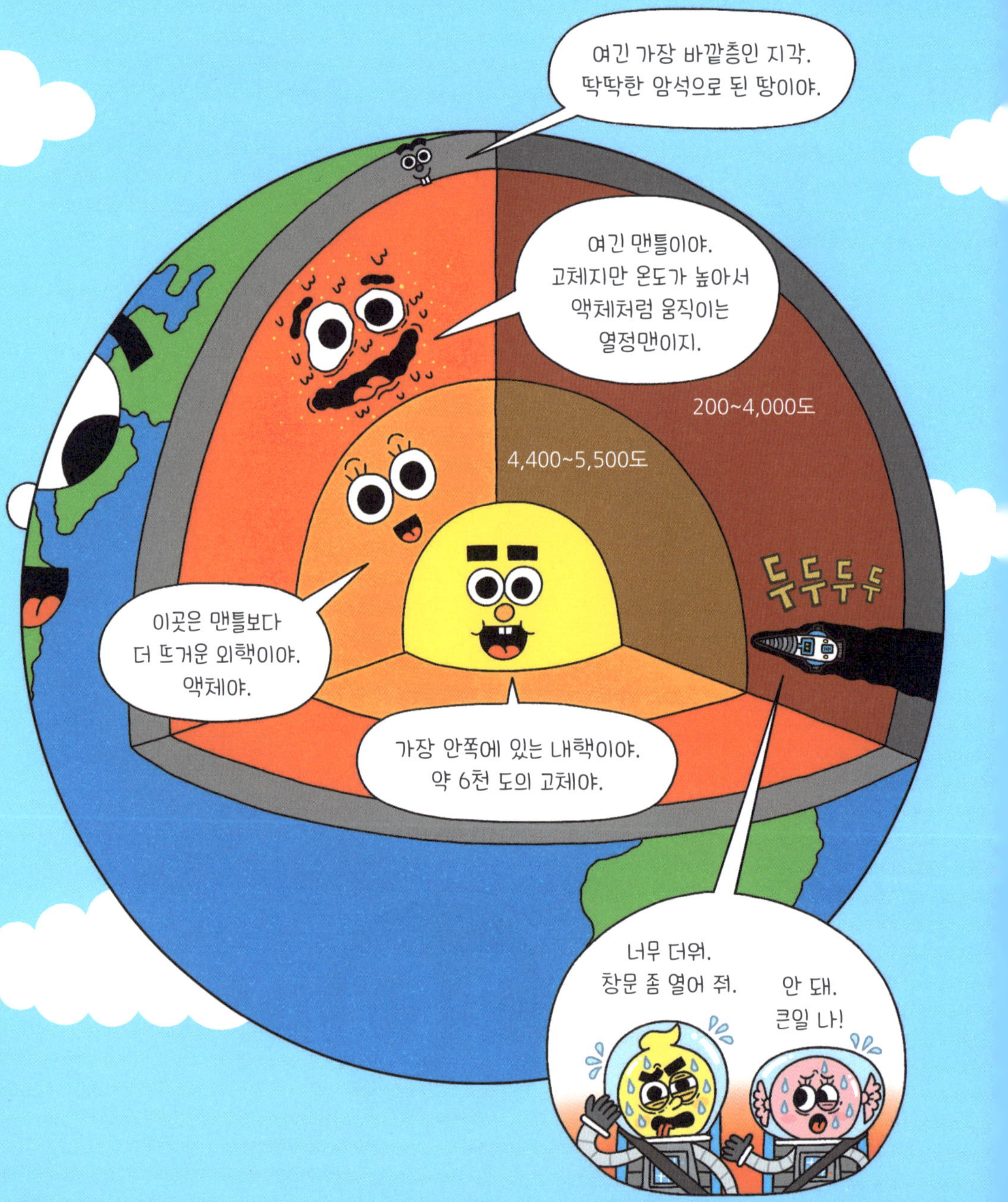

이번엔 열정맨 맨틀을 만나 보자!

1 땅이 여러 개로 나뉘었어.

지구에 있는 커다란 땅을 대륙이라고 하는데,
아주 먼 옛날에는 이 대륙이 한 덩어리였던 적도 있대.
지도에서 대륙을 잘라 퍼즐 조각처럼 맞춰 보면
신기하게도 딱 들어맞을걸.

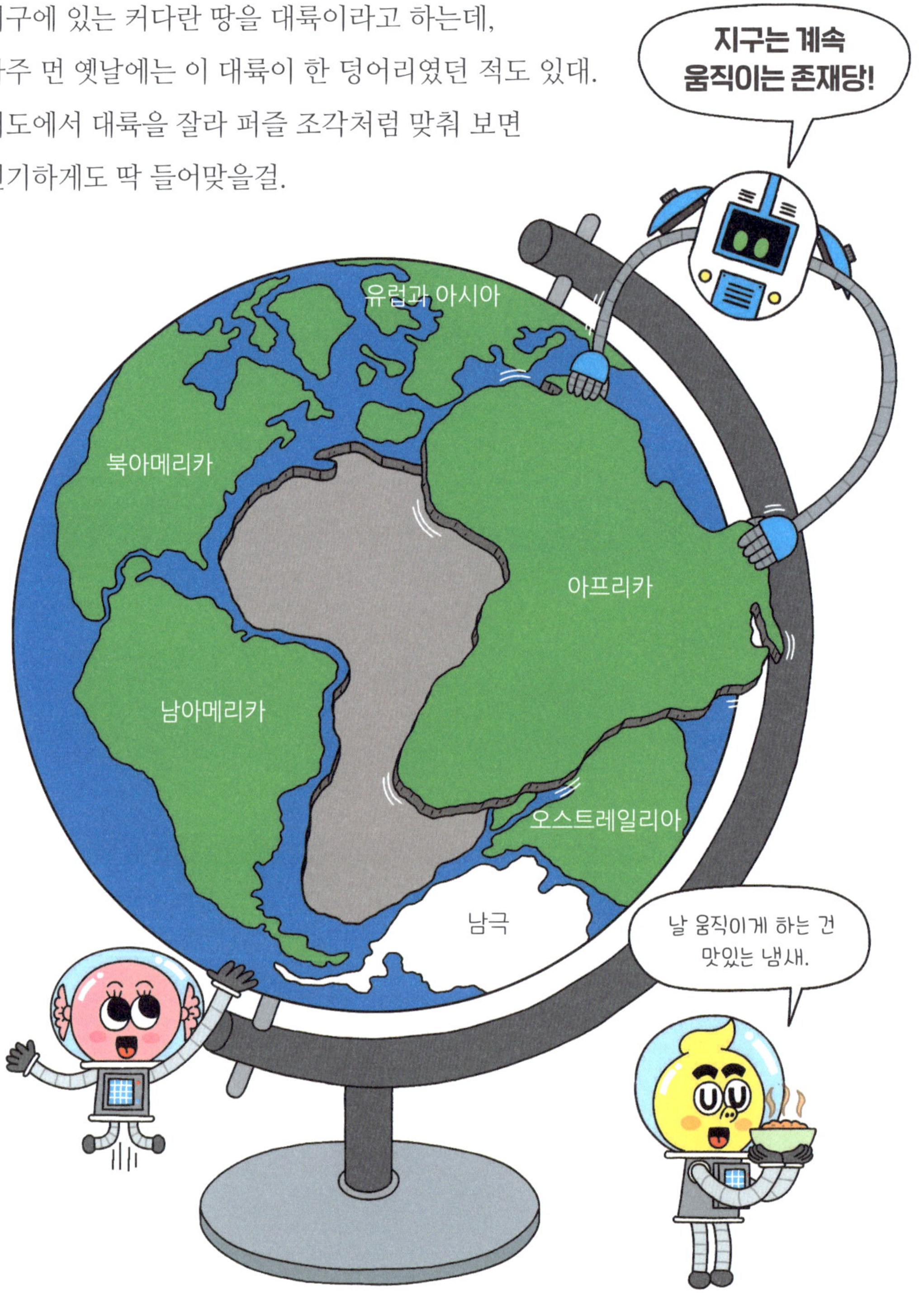

지구는 계속 움직이는 존재당!

유럽과 아시아

북아메리카

아프리카

남아메리카

오스트레일리아

남극

날 움직이게 하는 건 맛있는 냄새.

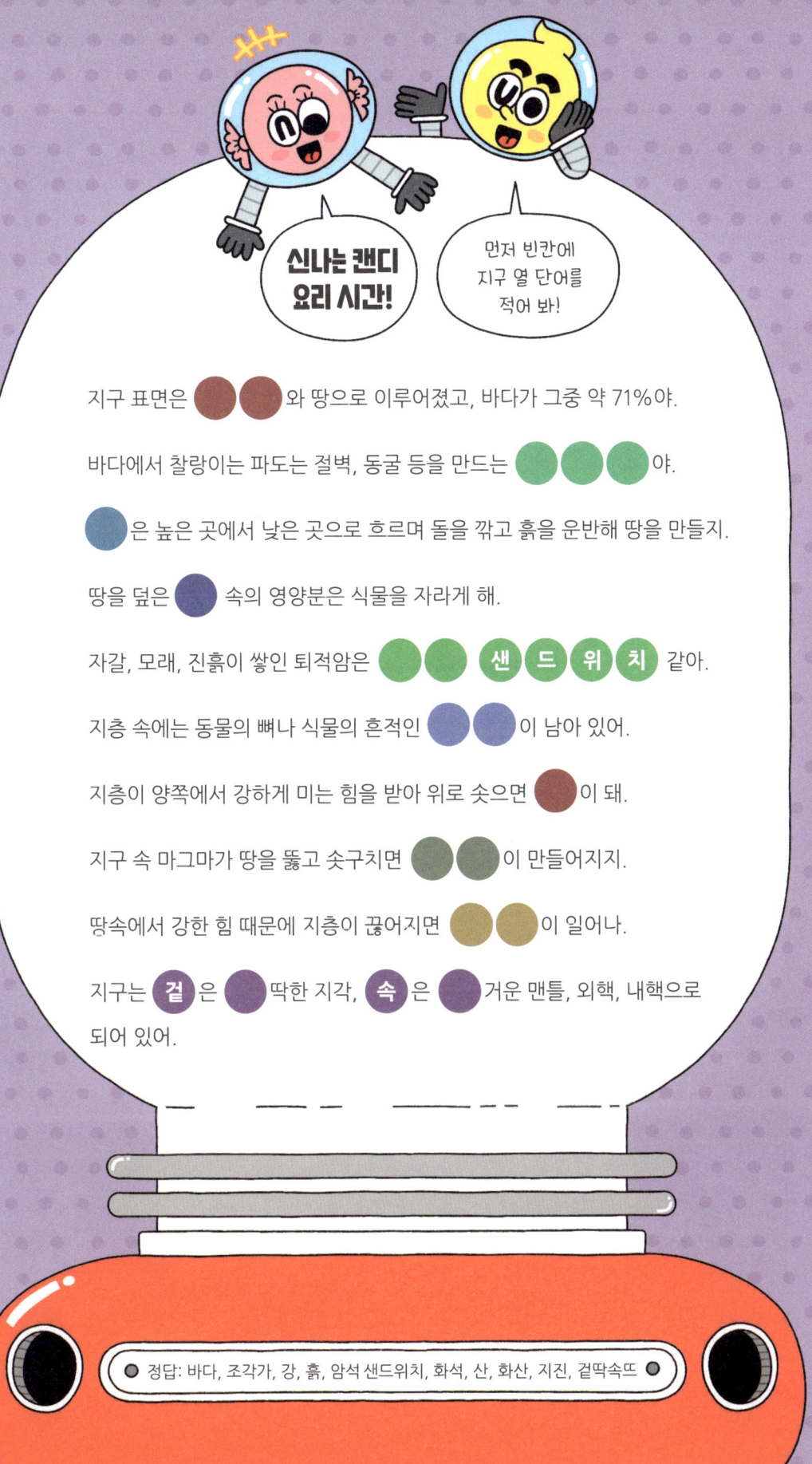

3 사라졌다 나타나기

내가 사라졌다 나타났다 하면 날씨가 달라져.
내가 사라지면 맑은 날! 하늘에 하얀 구름이 조금 있어도 날씨는 좋아.
구름 사이로 햇살이 잘 비치거든.

높은 하늘에 새털구름이
있으면 그날 날씨는 맑아.

뭉게뭉게 피어오르는 뭉게구름이
나타나면 맑은 날이야.

하지만 내가 나타나 하늘을 많이 덮으면 흐린 날!
햇살도 나를 뚫을 수 없다고.

앗, 태양 어디 갔지?

땅 가까이에 넓게 퍼진 회색 구름은 비가 올 징조야. 그래서 비구름이라고 불러.

여름철에 갑자기 소나기구름이 솟으면, 곧 소나기가 쏟아질 테니 우산을 준비해!

구름 아랫부분이 시커멓잖아.

문제 흐린 날에 나타나는 구름은 왜 이렇게 시커멀까?
① 먼지가 묻어서   ② 구름 속에 물방울이 많아서

 ## 구름 속에 물방울이 많아서

내가 어떻게 만들어졌는지 이야기해 줄까?

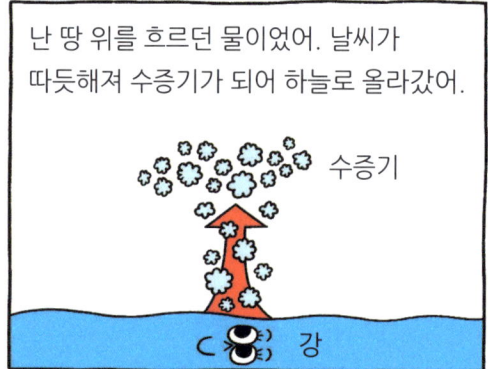

난 땅 위를 흐르던 물이었어. 날씨가 따듯해져 수증기가 되어 하늘로 올라갔어.

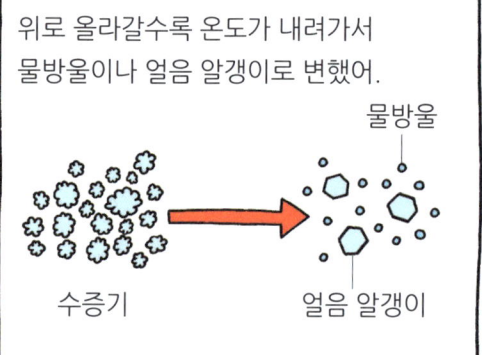

위로 올라갈수록 온도가 내려가서 물방울이나 얼음 알갱이로 변했어.

이들이 한데 모여 구름이 되었고, 많이 모일수록 짙은 회색빛을 띠었어.

안개도 수증기가 물방울로 변한 거야. 나와 다른 점은 땅 가까이에 생기는 거지.

물방울은 정말 신기하지?
나처럼 멋진 구름도 만들고, 안개도 만들고 말이야.

4 구름이 무거워져서

구름 속에 물방울과 얼음 알갱이가 있다고 했지?
물방울과 얼음 알갱이가 서로 뭉치면
큰 알갱이가 되어 무거워져.

물방울

얼음 알갱이

큰 알갱이

그럼 큰 알갱이는 더 이상
하늘에 떠 있지 못하고
땅으로 떨어져. 이때 날이
따뜻하면, 큰 알갱이가
녹아서 비로 내리지.

비 온다!

날이 추우면, 큰 알갱이는 얼어붙은 채 그대로 내려서 눈이 돼.
눈을 돋보기로 관찰하면, 대부분 육각형 결정으로 모양이 비슷해.

하지만 눈의 크기는 날씨에 따라 달라져.

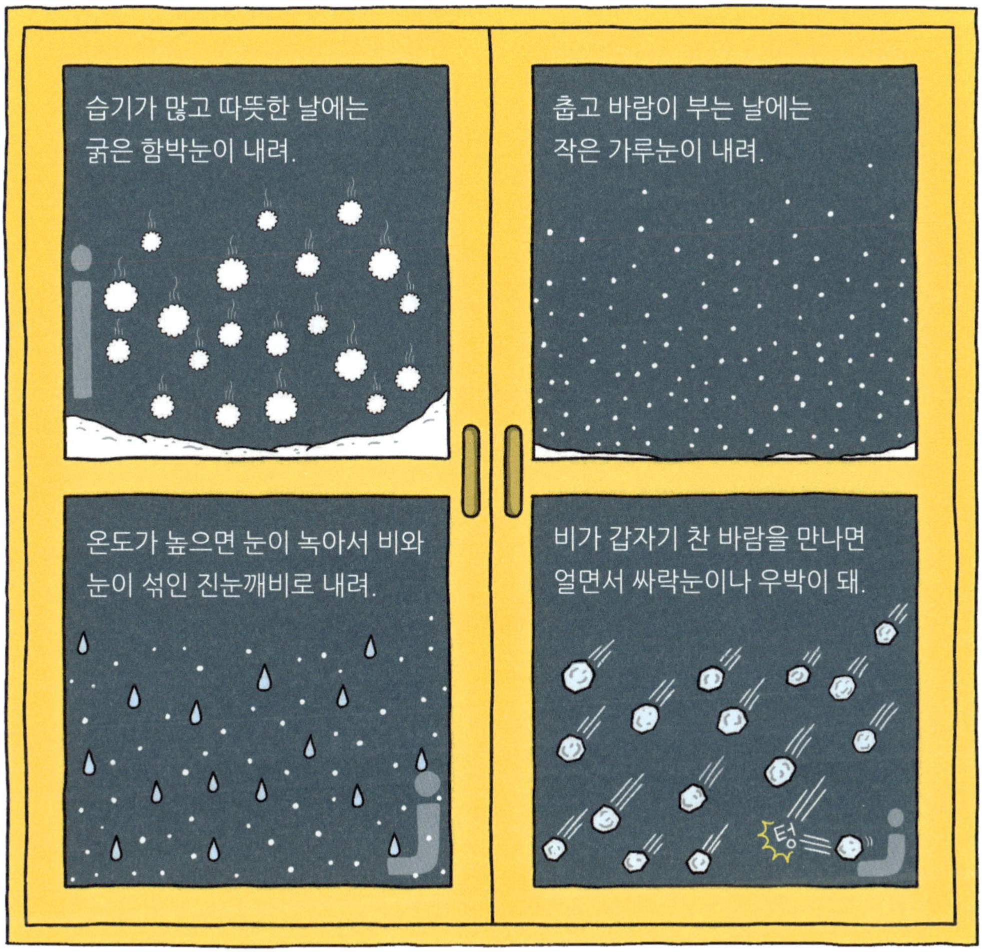

습기가 많고 따뜻한 날에는 굵은 함박눈이 내려.	춥고 바람이 부는 날에는 작은 가루눈이 내려.
온도가 높으면 눈이 녹아서 비와 눈이 섞인 진눈깨비로 내려.	비가 갑자기 찬 바람을 만나면 얼면서 싸락눈이나 우박이 돼.

땅에 내린 비와 눈은 어떻게 될까?
① 사라져 버려. ② 다시 비와 눈이 돼.

2 다시 비와 눈이 돼.

내 말을 믿을 수 없다고? 그럼 나를 따라와 봐.

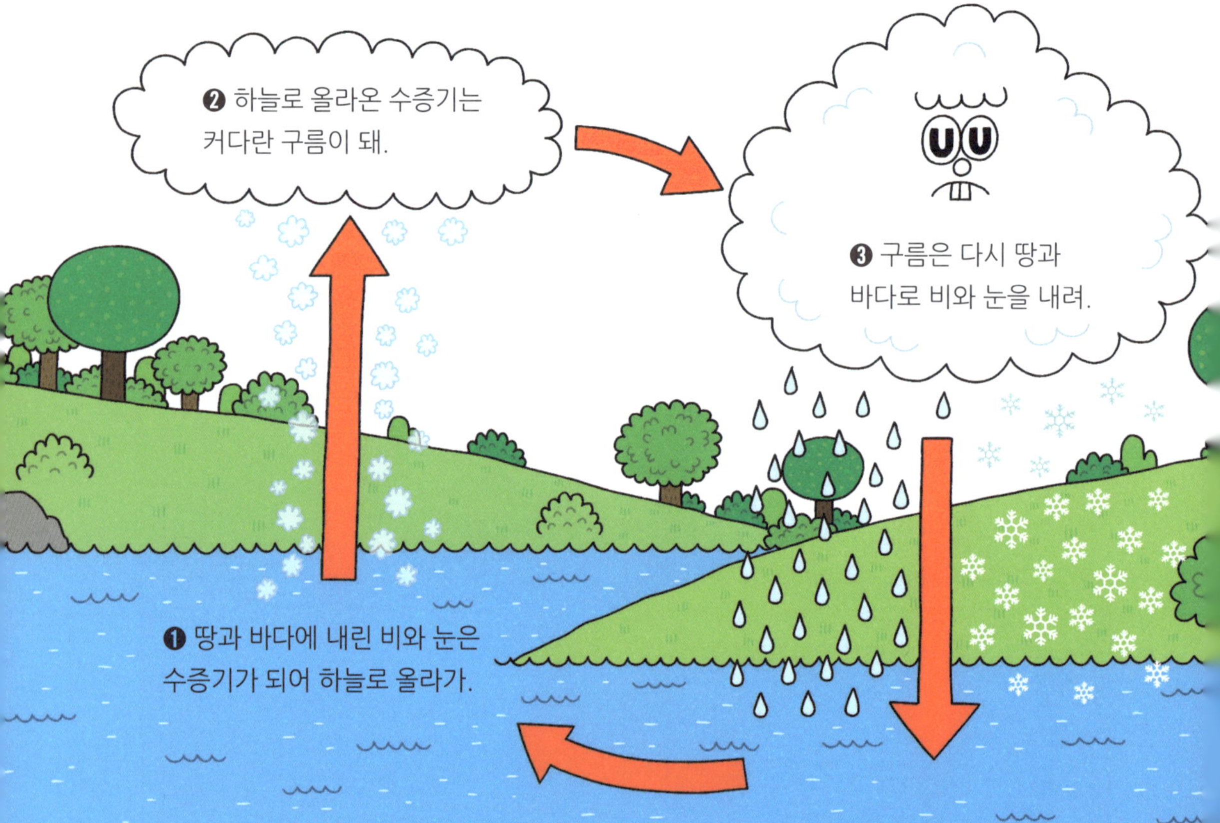

❷ 하늘로 올라온 수증기는 커다란 구름이 돼.

❸ 구름은 다시 땅과 바다로 비와 눈을 내려.

❶ 땅과 바다에 내린 비와 눈은 수증기가 되어 하늘로 올라가.

나는 이렇게 계속 돌고 돌아.
지구에서는 이걸 물의 순환이라고 한단다.

> 날씨는 비를 내리는 울보당.

> 하늘에서 번쩍거렸어. 네 말에 화났나 봐.

> 소리도 크게 들려.

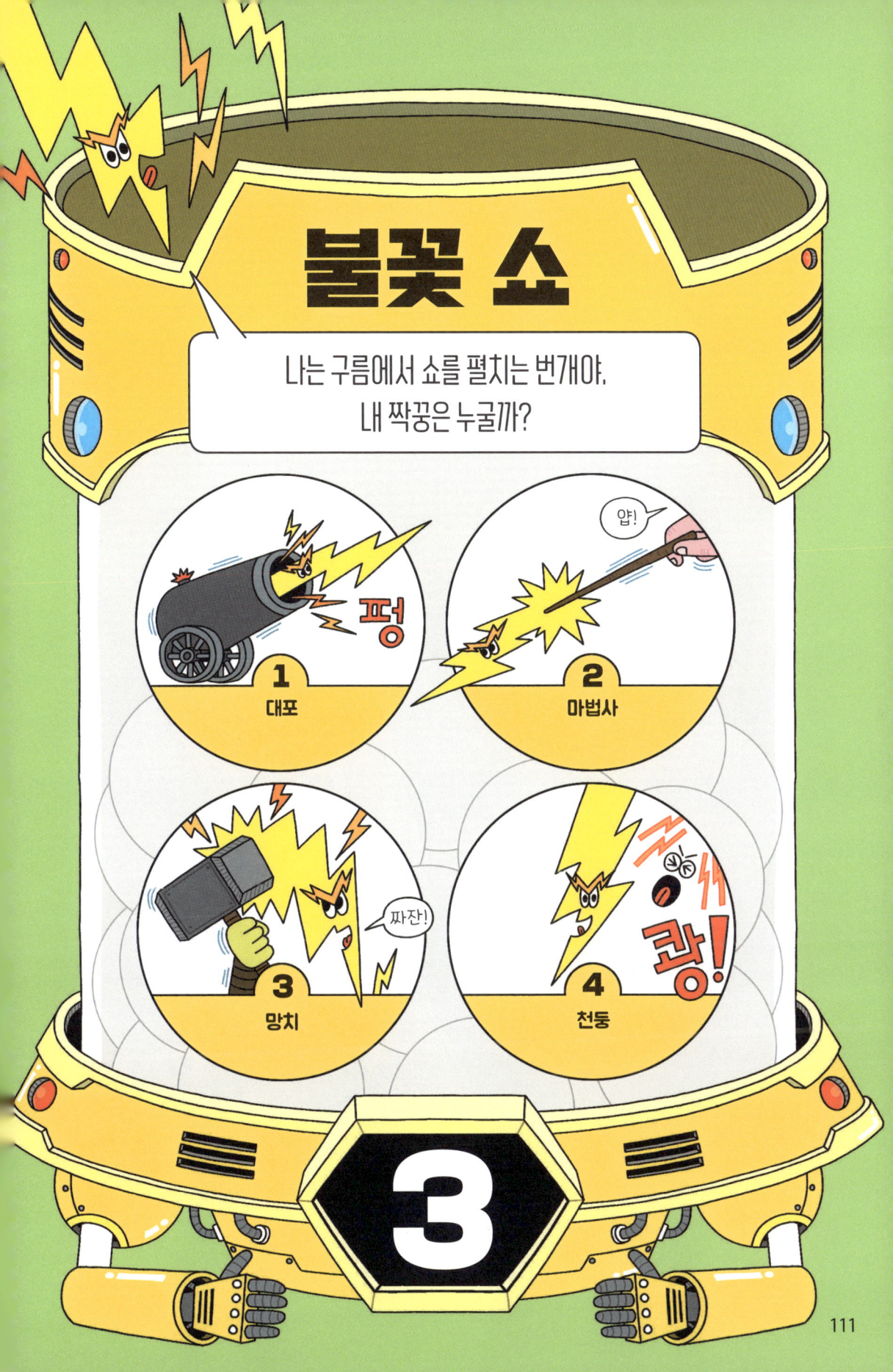

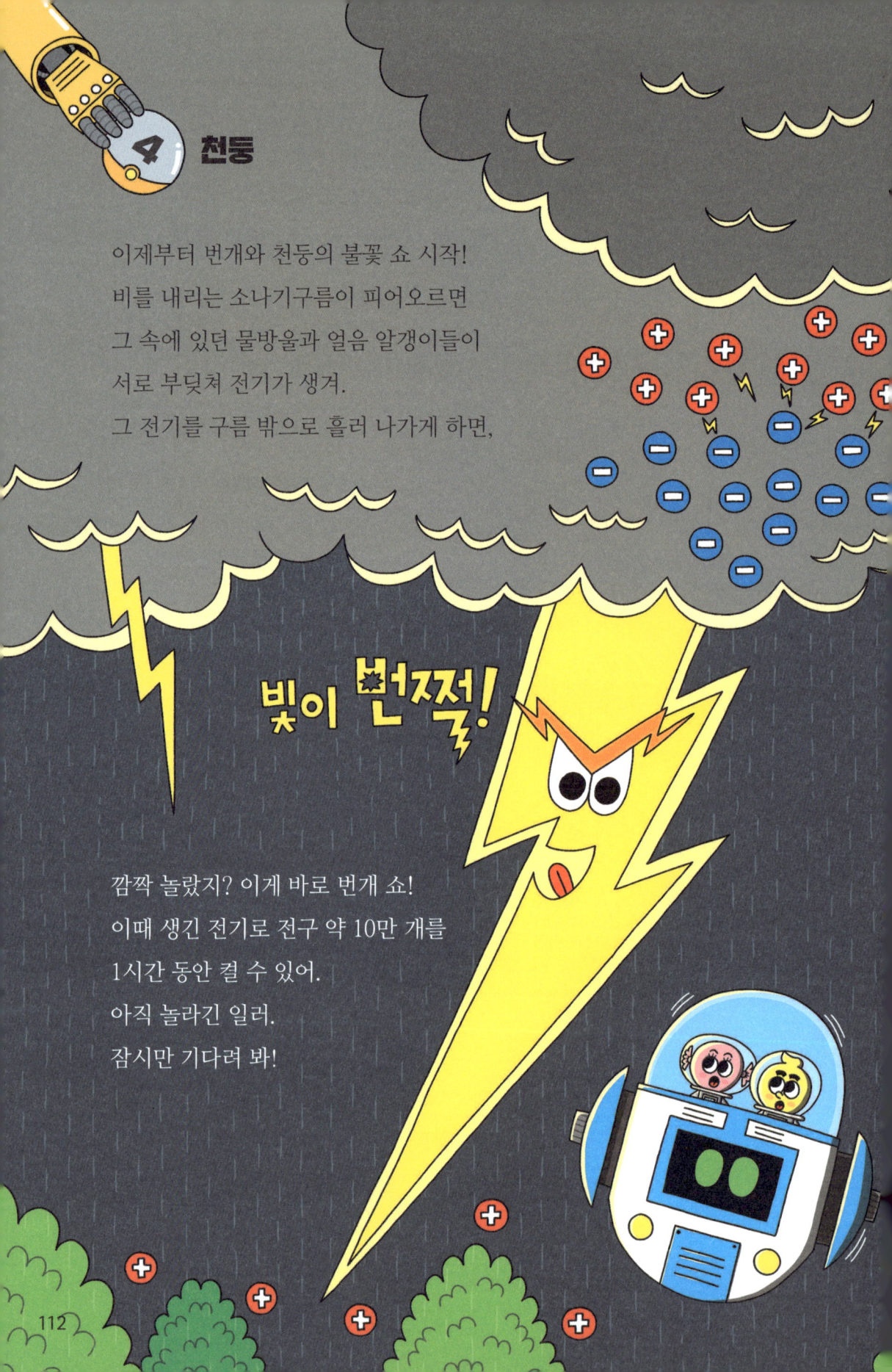

4 천둥

이제부터 번개와 천둥의 불꽃 쇼 시작!
비를 내리는 소나기구름이 피어오르면
그 속에 있던 물방울과 얼음 알갱이들이
서로 부딪쳐 전기가 생겨.
그 전기를 구름 밖으로 흘러 나가게 하면,

빛이 번쩍!

깜짝 놀랐지? 이게 바로 번개 쇼!
이때 생긴 전기로 전구 약 10만 개를
1시간 동안 켤 수 있어.
아직 놀라긴 일러.
잠시만 기다려 봐!

난 번개와 같이 출발하지만, 번개보다 속도는 느려.

다음은 내 짝꿍의 천둥 쇼!
내가 '번쩍!' 하면 태양 표면의 온도보다
5.5배나 더 뜨거운 약 3만 도의 열이 생겨.
이 열로 주변 공기가 데워져 팽창하면서
'우르르 쾅!' 요란한 소리를 내.
이게 바로 천둥이야.

그래서 내 불꽃이 먼저 보이고 천둥소리는 나중에 들리지.

우르르 쾅!

으악!

마지막은 번개가 땅에 떨어지는
오늘의 스페셜 벼락 쇼!
건물에 떨어지면 건물이 부서지고
사람에게 떨어지면 감전될 수 있어.
불꽃 쇼는 집 안에서만 구경해. 알았지?

문제 벼락을 잡아 주는 막대기가 있어. 그게 뭘까?
① 벌침   ② 피뢰침   ③ 우산침

 **2 피뢰침**

과학자 벤저민 프랭클린이 만든 피뢰침 이야기를 들려줄게.

프랭클린은 벼락이 뾰족하고 높은 건물에 먼저 떨어지는 걸 알게 됐어.

저거다!

그래서 자기 집 꼭대기에 쇠막대기를 세운 다음, 전기가 잘 통하는 구리선을 땅속까지 연결해 놓았어.

벼락을 잡아 땅속으로 유인하자.

드디어 벼락이 쇠막대기에 떨어졌고, 구리선을 따라 무사히 땅속으로 들어갔어.

성공이야!

윽, 잡혔다! 불꽃 쇼가 이렇게 끝나다니….

그 뒤로 사람들은 집집마다 피뢰침을 세워 벼락의 위험에서 벗어났어.

어? 나뭇잎이 흩날려. 무슨 일이지?

날씨는 빛과 소리를 만든당.

4 공기

난 지구 둘레를 에워싸고 있는 공기로 이루어졌어.
난 세게 불기도 하고 약하게 불기도 해.

산들바람은 흘린 땀을 식혀 줘서 시원해.

좋다.

흔들바람은 호수 위의 물을 찰랑거리게 하지.

된바람은 파도를 춤추게 해.

센바람은 구름을 밀어 내.

저리 가!

으악, 너무 세!

이렇게 내가 부는 건 공기가 움직이기 때문이야.
공기는 한곳에 가만히 있는 걸 싫어해서
언제나 공기가 많은 쪽에서 적은 쪽으로 움직이지.
그때 내가 생겨.

공기가 많은 쪽은 고기압이라고 해.

야호!

공기가 적은 쪽은 저기압이라고 해.

어, 고기압에서 저기압으로 바람이 분다!

문제 낮에 바닷가에서는 바람이 어느 쪽으로 불까?
① 배가 있는 쪽으로   ② 육지 쪽으로   ③ 파도 맘대로

2 육지 쪽으로

공기는 온도가 높으면 몸이 가벼워져서 위로 올라가는 성질이 있어. 낮에는 육지가 바다보다 더 따뜻해서 육지 쪽의 공기가 더 많이 위로 올라가.

"고기압에서 저기압으로 쏭쏭!"

그럼 육지 쪽은 저기압이 되고,

바다 쪽은 고기압이 돼.

그래서 바다에서 육지로 바람이 부는데, 이 바람을 해풍이라고 불러. 밤에는 반대로 육지에서 바다로 육풍이 불어.

"날씨는 바람 잘 날 없는 존재당!"

"난 방귀로 큰 바람을 만들어야지."

 장마

6월 말이나 7월 초가 되면, 한반도 하늘에서
오호츠크해 기단과 북태평양 기단이 쾅 부딪쳐.
이때 두 기단이 만나는 곳에 장마 전선이 생겨.

오호츠크해 기단

장마 전선

북태평양 기단

습기가 많은 두 기단은 서로 밀리지 않으려고 힘을 겨뤄.
한 달 정도 한반도 위를 오르락내리락하는 동안
장마 전선을 따라 비가 내리지. 이게 장마야.

2 적도 근처

난 바닷물 온도가 26도가 넘는 적도 근처 바다에서 7~10월 사이에 태어나. 내 이야기를 들어 볼래?

응애! 아직은 그냥 구름이야.

1.
적도 근처는 온도가 높아서 수증기가 많이 생겨.
이 수증기들이 모여 내가 태어났어.

아이, 어지러워!

반시계 방향으로 돌기 시작. 출발 준비 완료!

2.
난 수증기를 배불리 먹고 아주 커다란 비구름으로 자라 태풍이 되었어.

 ## 매미

매미는 2003년에 대한민국에 큰 피해를 준 태풍의 이름이야.
우린 적도 근처에서 1년에 약 25개 정도 만들어지는데,
사람들은 우리가 어디로 향할지 관심이 많아.
그래서 꾸준히 관찰하려고 태풍에 이름을 붙였지.
어떤 이름이 만들어졌는지 볼까?

만약 피해를 많이 주는 태풍이 되면, 그 이름은 바로 없애 버려.
그래서 초강력 태풍이 된 '매미'란 이름도 퇴출되었어.

4 기상 예보관

내가 어떻게 만들어지는지 볼래?

기상 예보관은 출근하자마자, 기상 상태를 관측한 자료를 모아.

자료를 슈퍼컴퓨터에 입력하면,

슈퍼컴퓨터가 자료를 분석해서 일기도를 만들어.

드디어 예측 완료. 기상 예보관은 사람들이 알기 쉽게 풀어서 나에 관해 설명해 줘.

고	고기압인 곳은 날씨가 맑음.
저	저기압인 곳은 날씨가 흐림.
꼬리	꼬리 개수가 많으니 바람이 셈. 원 안이 비었으니 구름 없음.

일기 예보입니다. 내일은 구름 한 점 없는 맑은 날씨지만, 바람이 세게 불겠습니다.

문제 일기도 말고 이걸 봐도 날씨를 미리 알 수 있어. 뭘까?
① 일기장　② 엄마 잔소리　③ 동식물 모습

동식물 모습

옛날 사람들은 동물의 행동이나 식물의 모습을
잘 관찰해서 날씨를 미리 알아냈어.
모두 훌륭한 기상 예보관이거든.

옛날이든 지금이든 사람들은 날씨를 미리 알고 싶어 해.
아마도 앞날을 더 안전하게 맞이하고 싶어서겠지?

3 현미경으로만 보일 만큼

나는 먼지지만 너무 작아서 현미경으로만 볼 수 있어.
그런데 요즘 들어 사람들이 나를 엄청 경계하지 뭐야?
이런 수배 전단까지 만들었다고!

현상 수배 위험

- **이　름**: 미세 먼지
- **태어난 곳**: 자동차 배기가스, 공장 매연, 공사장 흙먼지
- **특　징**: 항상 주변에 있지만 눈에는 절대 보이지 않음.
- **크　기**: 머리카락 두께의 5분의 1
- **범죄 내용**: 사람 몸속 아무 곳이나 마구 들어가 여러 가지 병을 일으킴.

*더 작은 초미세 먼지와 누런 흙먼지인 황사도 함께 신고하면 현상금이 두 배!

₩1,000,000

사실 내가 항상 위험한 건 아니야.
공기 중에 내가 늘어나도 바람이 불면 이리저리 흩어지거든.
하지만 바람이 불지 않을 때 공기 중에 내가 늘어나면
건강에 나쁜 영향을 미쳐.

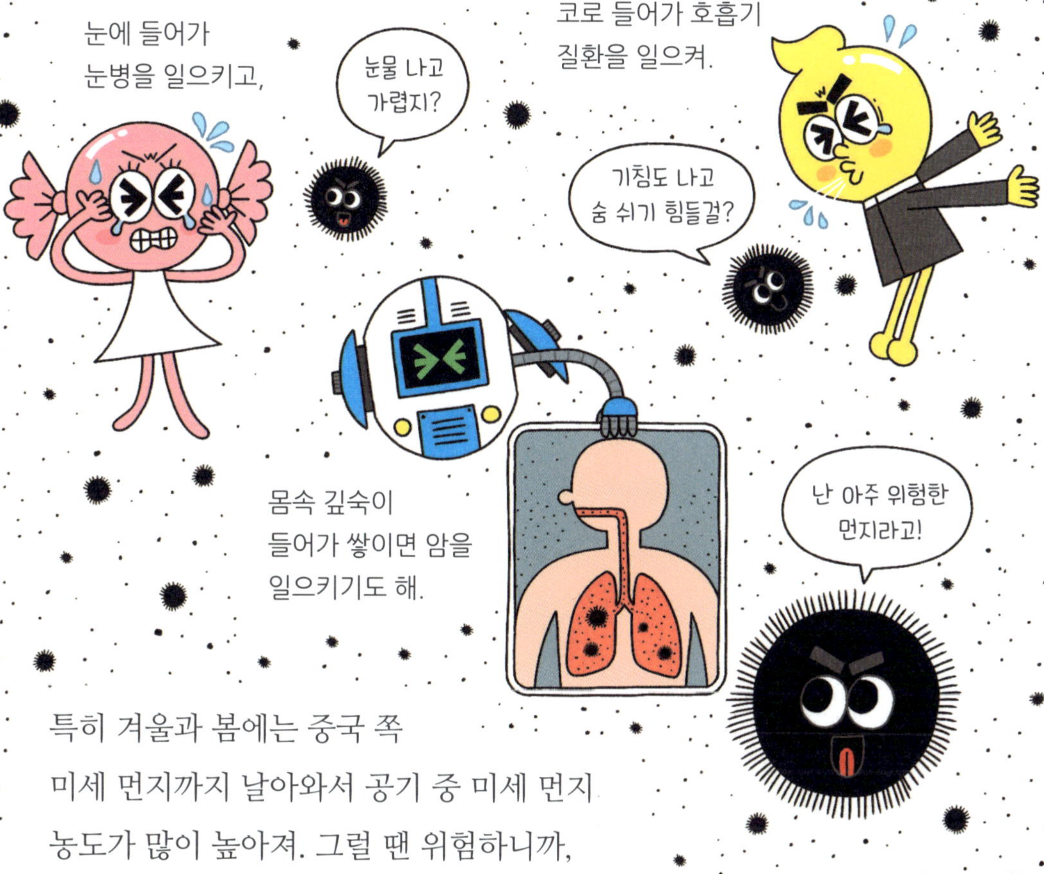

눈에 들어가
눈병을 일으키고,

눈물 나고
가렵지?

코로 들어가 호흡기
질환을 일으켜.

기침도 나고
숨 쉬기 힘들걸?

몸속 깊숙이
들어가 쌓이면 암을
일으키기도 해.

난 아주 위험한
먼지라고!

특히 겨울과 봄에는 중국 쪽
미세 먼지까지 날아와서 공기 중 미세 먼지
농도가 많이 높아져. 그럴 땐 위험하니까,
반드시 마스크를 끼라고!

문제 나처럼 눈에 안 보이지만 위험한 게 또 있어. 뭘까?
① 직선   ② 자외선   ③ 투명 인간

2 자외선

자외선은 태양에서 나오는 빛 중 하나야.
여름에는 태양 빛이 강해져서, 자외선이 많이 나와.
그럴 땐 밖에 나가지 않는 게 좋아.
자외선을 오랜 시간 쬐면 몸에 해롭거든.
꼭 나가야 하면 자외선 차단제를 바르고,
모자, 선글라스 등으로 태양 빛을 가려서
몸을 보호하도록 해.

2 온대 기후

기후는 하루하루 달라지는 날씨와 달리 오랜 시간 동안 반복된 날씨 변화야. 지구에는 여러 가지 기후가 있어.

온대 기후는 사람이 살기 가장 쾌적한 기후야.
건조 기후와 한대 기후는 사람이 살기 힘들어.
그런데 이런 기후가 요즘 크게 변하고 있어.

3 쌓인 눈이 오랫동안 다져져서

LIVE ▶ 북극 빙하의 라이브 방송

오늘의 주제! 빙하가 녹고 있어!

안녕? 난 북극 빙하야. 우리 빙하는 지구 표면의 약 6%를 덮고 있지. 그런데 빙하가 녹아서 사라질 위험에 처했어.

온실가스

덥다, 더위!

그동안 지구는 이산화 탄소, 메테인 같은 온실가스가 태양열을 잡아 줘서 따듯했지. 그런데 온실가스 양이 많아지자, 빠져나가야 할 열기까지 잡아 두어 지구 온도가 올라가기 시작했어.

지구가 따뜻해지면 좋은 거 아닌가요?

곧 북극이나 남극에서도 살 수 있겠네용! 축하!

2 이상 기후

이상 기후는 정상적이지 않은 날씨 변화야.
그동안 겪어 보지 않은 날씨라서 예측하지 못했지.
이제부터는 날씨가 어떻게 변화하는지 관심을 갖고 잘 관찰해 보렴.
그럼 한반도에서 일어나는 이상 기후를 알아낼 수 있을 거야.

물방울이나 얼음 알갱이가 모인 구름은 ●● 메 이 커 야.

구름 속 물방울이 많아져 땅으로 내리면 ● 가 돼.

번개는 전기가 구름 밖으로 흘러나오는 ●● 쇼 야.

공기가 고기압에서 저기압으로 움직이면, ●● 이 불어.

한반도 주변의 ●● 천 왕 기단은 계절에 따라 다른 날씨를 만들어.

아주 거대한 비구름인 ●● 은 센바람과 큰비를 데려오지.

●●●● 는 일기도를 보고 날씨를 미리 알려 주는 거야.

아주 작은 먼지인 ●● ●● 는 몸에 해로우니까 조심해.

2 4 ●● 는 계절과 날씨 변화를 한눈에 보여 주는 달력과 같아.

지구 온도가 올라가면 ●● 가 녹고 이상 기후가 나타나.

정답: 날씨 메이커, 비, 불꽃 쇼, 바람, 4대 천왕, 태풍, 일기 예보, 미세 먼지, 24절기, 빙하